林書豪給年輕人的 12件禮物

Jeremy Lin's Victory

亞洲八大名師首席——王寶玲 博士◆著

壓力正是成長的動力

若非擁有追蹤NBA習性的愛好者，之前林書豪之名即便進入耳中，也會如同其他我們不曾花費心思記憶的事物般，轉瞬即忘。然而，這一刻不同了！在豪小子連日的勝利與媒體近乎疲勞轟炸的連環播放下，突然，一個華裔NBA選手的信仰、學歷、家庭背景、懷才不遇、汗馬功勞、謙虛態度以及所引發的一連串效應，在我們的腦中堆疊、建立起生動鮮明的影像！不經意間，你我對他的生平倒背如流，甚至每一刻都清楚知道，上一場比賽是勝是負、下一場比賽在凌晨幾點⋯⋯在此潮流下，早餐店得以成為運動交誼廳、上班族可以忽略眼下黑圈，全世界都在積極關注，這就是「林書豪效應」！他在極短暫的時間進駐眾人的腦袋，而且似乎沒有離開的打算。

NBA是許多人的夢想之地，那是個象徵著成功的世界，然而鎂光燈的照耀下總存在著伊甸園毒蛇般的誘惑，名氣與財富讓許多運動球星與影視明星走上自毀之途，嗜血的媒體在將他們捧上半天高的同時，也在搜尋、期待著明星鬆懈後的疲憊神態。成為全球新一代媒體寵兒的林書豪，是台灣之光，也是現代灰姑娘，在媒體為他套上光環的同時，同時也有不少眼睛準備注視他的失敗或墮落。

但是，林書豪與其他NBA球員們都不同，他一反常態，帶著一股正面能量走入球場，虔誠的信仰與謙遜的對應驅散了曾經

壟罩在NBA的負面形象，而他被埋沒的過往象徵了大多數人都曾跌落的人生低谷；他今日的光彩奪目，則砥礪了無數正處於低潮的無名小卒。他曾經被肯定、獲獎無數，以為成功推開大門便能直達夢想舞臺，實際上隱形的大石卻布滿道路。好不容易抓住浮木登上高台，他大可狠狠削下過去曾經看輕他、忽視他的人們一層面皮，宣布他已飛上枝頭，然而過去的磨難，讓他只要能夠上場就感到無比滿足；名氣所帶來的壓力與關注一夕之間壓在他的肩頭、拖住他的雙腳，他只是將功勞歸功於隊友及上帝，始終輕盈地在場上活躍。在看見他的成功的同時，也不禁讓人疑惑，面對如此的困難與壓力，要擁有怎麼樣的態度與臂膀，才不至於崩塌？

成功對許多人來說是個模糊的概念，而林書豪的崛起如此振奮人心！這樣一位年輕人是如何懷有大志並躬身實踐？他究竟擁有哪些與他人不同的特質與背景？面對困境，他有哪些信念與堅持能夠撐過生命的難關？而當機會來臨，他如何擁有放手一搏的過人膽識？本書中，王寶玲博士利用他對成功學的理解與分析，透徹的紀錄並彙整出林書豪的與眾不同，讓讀者在認識林書豪的過程中，能夠輕易借鏡他的成功經驗。

即使目標不同，通往成功的道路卻需要相同的裝備與胸懷。林書豪帶給了我們最好的禮物，而在王博士筆下，你可以看到奮戰的靈魂、機敏的戰略，以及堆疊在不同的模式下，屬於你自己的成功。

北大教授 林明山

于北大藏書樓

終於，等到了林書豪！

龍年的二月天，春寒料峭，在暖化議題即將升溫的同時，林書豪一夕竄起，囊括各大新聞媒體頭條，搶過所有新聞鋒頭。所謂的「林來瘋」，如噴泉般灌進各個領域、各種討論空間。讓忘記感動的人、默默努力的人、渴望明星駕臨的人，重新領略了春天的新芽。

我在輿論盛起之下，也對於這位二十多歲的年輕人心生興趣。非靠體育獎學金就讀哈佛大學畢業的人，怎麼能打進NBA？蟄伏多年的他究竟如何在心中保持平穩與平靜？創造七連勝、23歲的他為何如此謙卑？當一幕幕的真實採訪揭露，看到豪小子說出第一句話時，從他不疾不徐的談吐與功成不居的教養，對於所謂「林來瘋」的形成，我就不意外了。

曾經有個機緣，我和我的團隊盡20年研究之功，寫就《王道成功3.0》一書。我將成功術分為三個層次，一般人掌握的皆是「普通級」成功術，諸如努力、堅持、樂觀等普世價值；其次則是「輔導級」成功術，如享受壓力、四少法則；最終極者，我稱為「限制級」成功術，在此，進一步解開「π型人」的密碼，點破後台潛規則、「非常識」思維等成功術。細加詳究，豪小子擁有的特質，貫穿《王道成功3.0》一書中鋪敘的三層次成功術，因此，旋風的颳起自有可循脈絡。

我不是一個熱衷研究運動的人，但對於豪小子力踐的成

功術，心有所感。為使讀者疾速趕上「林來瘋」，特歸整林書豪前傳，以及其成功的秘訣，以饗時下艱辛奮鬥、埋首實幹的年輕人。在林書豪送給青年人的禮物中，我們能重新去思考「全力以赴」、「謙卑」、「感恩」、「板凳哲學」、「瞬思力」、甚至「領導力」與「組織戰略」在我們生命中的意義與價值。

西元1942年，蘇俄遭到軸心國血腥包圍，在史達林格勒一戰中，烏拉山牧羊人出身的狙擊手瓦西里‧柴契夫，異軍突起，擊斃了225名德意志國防軍和其他軸心國的士兵將官，一戰成名。70年後，在NBA世界裡，當紐約尼克隊輸給NBA戰績敬陪末座的黃蜂隊後，沒沒無聞、出身亞裔的林書豪，率領一盤散沙的隊伍，戰勝上一季NBA總冠軍小牛隊，震驚紐約。瓦西里與豪小子都是在黑暗的年代，為人們帶來希望、盼望與渴望的「小人物」。這讓我想到《雙城記》中的名言：這是一個最壞的時代，也是一個最好的時代。

這是一個最壞的時代，前所未有的氣候異象與歐債危機將世界帶入灰暗的冬天；但也是最好的時代，當哈佛經濟系的畢業生都攪和在華爾街、操弄著擴大貧富差距的惱人手段時，我們看到「出淤泥」而不染，為地球注入熱情與希望的林書豪。因為他的平凡卻又不凡的成功，因為他努力而又謙遜的神態，在物質欲望掛帥的人間世中，我們終於看到帶有歧視的播報語言被消弭，久違的正義價值觀被稍稍扶正。

歷來，人們傳頌成功者的人生。唯成功的人，其痛苦歷程

才有資格被抽絲剝繭、賦予意義。因此，默默
耕耘固然重要，嶄露頭角時，更能帶給眾人震撼的
啟示。然而，洶湧澎湃的急流雖勢大駭人，匯聚成大海
的往往是涓涓細流。當林書豪的新聞不再是潮流，真正留給讀
者的，只有在他生命中究竟深層的成功術。也唯有真實的成功
術，才能真正地「認識」林書豪，並創造「林書豪」式的自我
成功。我相當期許時下年輕人，追求支撐林書豪長遠的「深
度」，而非其一時的「驚豔」！

　　林書豪有句名言：「奇蹟發生的時刻，是當一切都匯聚到
一起之時。」在那一刻到來之前，你有許多許多的餉糧需要準
備。第一步，先認識別人如何成功吧！感謝。感恩。

王寶玲

于台北上林苑

CONTENTS [目錄]

1 Part
傳奇七連勝Maker
——林書豪前傳 …………… 015

2 Part
林書豪給年輕人的
12件禮物

大家眼中的林書豪

＊「他的經歷是一個偉大的故事，一個透過自己的努力實現奇蹟的
例子，他可以成為全世界年輕人們的好榜樣。我肯定他每天都
在不停地練習，而且始終對自己抱有希望和信任。現在就是他
展示他所有曾經付出努力的時候。」
　　　　　　　　　　　　── 小飛俠 布萊恩（Kobe Bryant）

＊「林書豪用自信打球，打職籃唯一需要的就是信心，他做到了。
我喜歡他的專業，也喜歡他的為人，林書豪非常謙虛。」
　　　　── 芝加哥公牛隊（Bulls）控衛羅斯（Derrick Rose）

＊「我所交給學員邁向成功應有的正向特質，他全都做到了！」
　　　　　　　　　　　　　　　　　　　　── 黑幼龍

＊「他總是願意比其他人花更多時間練習，期望能有最佳表現。」
　　　　　── 彼得‧丹佩布洛克（Peter Diepenbrock）
　　　　　　　　　　　　林書豪在帕羅奧圖高中時的籃球教練

＊「現在的林書豪與第一天來報到的他還是同一人，沒有改變，還
是一樣謙虛，一樣努力練球。」
　　　　　　　── 尼克隊隊友傑佛瑞斯（Jared Jeffries）

＊「在學習過程中，這孩子經歷了比任何人都更多的不愉快經驗，
令我訝異的是，他總能正面思考，以樂觀態度面對一切。」
　　　　　── 彼得‧丹佩布洛克（Peter Diepenbrock）

＊「他在控球後衛這方面的表現真的很棒，非常有效率找到隊友
們，幫助隊友們變得更好。」
　　　　── 2011年NBA選秀狀元爾文（Kyrie Irving）

＊「林書豪知道如何利用各種不同角度或方式，用最有利方式打球。他能為自己，也能為隊友創造機會，讓尼克不再只是一次傳球就出手、或靠球星單打的球隊。這是為什麼他讓尼克球迷興奮。」

—— 傳奇控球後衛魔術強森（Magic Johnson）

＊「他很聰明，能準確判斷狀況，哪些人需要球？哪些人需要空間？他可以將球傳導至正確的位置。」

—— 尼克總教練丹東尼（Mike D'Antoni）

＊「林書豪不會輕易允諾任何商業活動，他不想因成名後急著賺大錢。」

—— 林書豪經紀人蒙哥馬利（Roger Montgomery）

＊「他有一種博士（Ph.D）級數的場上解讀能力。」

—— 彼得・丹佩布洛克（Peter Diepenbrock）

＊「我們找球員盡量數據化，但你現在看看林書豪的表現，這是無法預料的啊，是我的判斷錯誤。」

—— 火箭隊總經理莫雷（Daryl Morey）

＊「我喜歡他打球的方式，充滿韌性，還有傳球天賦與判斷比賽的能力，這小子可以在ＮＢＡ獲得一席之地，這是我對林書豪的第一印象。」

—— 林書豪經紀人蒙哥馬利（Roger Montgomery）

＊「林書豪的謙虛態度和學術出身符合一般人對亞裔美國人的印象，但他在運動場上的表現則否。」

——《經濟學人》

＊「林書豪打球的姿態像舞蹈、像書法，看了他可以觸類旁通，改進我的文章。」

—— 王鼎鈞

＊「我與林書豪的關係是建立在我們都是不被看好的人，透過不斷
　討論，我們一起改進，不是誰指揮誰去做什麼，我們很滿意這
　種互動模式。」

　　　　　　　　—— 林書豪經紀人蒙哥馬利（Roger Montgomery）

＊「他的穩定性是超一流的。那些沒見過他打球的人們第一次看到
　他的比賽都會大吃一驚，不過我們從不驚訝。你看到的只不過
　是他的常規發揮而已。」

　　　　　　　　　　　　　　—— 哈佛教練Tommy Amaker

＊「我告訴他，只要你能贏下比賽，人們自然而然就會尊重你
　了。」

　　　　　　　　　　　　　　—— 林書豪父親 林繼明

＊「林書豪如果今天比賽輸球是因為罰球不進，當晚回到宿舍就會
　立刻去球場練習，或者明天一大早去球場投球，投到不能投為
　止；他雖然會沮喪，但不會沮喪很久，而是花時間去了解輸球
　的原因，然後去改變，他就是這樣非常堅持且有毅力的人。」

　　　　　　　　　　　　　　—— 哈佛大學室友 何凱成

＊「他確切知道自己的目標是什麼？知道自己缺點是什麼？把自己
　的缺點變成優點，不管在球場上或下了球場，他都有這樣的特
　點。」

　　　　　　　　　　　　　　—— 哈佛大學室友 何凱成

＊「我相信對上林書豪，不管哪個控衛都會很興奮，想要好好打一
　場比賽，我可以看得出來朗度內心也有這種想法，我清楚他受
　到激勵時的反應。」

　　　　　　　　　　　　　　—— 塞爾提克前鋒賈奈特

＊「林書豪的傳球視野不會縮水，他的速度不會縮水，他理解比賽
　的能力不會縮水，一切只會更好！」

　　　　　　　　　　　　—— 尼克總教練丹東尼（Mike D'Antoni）

＊「他還是對自己充滿信心，把球留到最後一刻出手。」

—— 尼克總教練丹東尼（Mike D'Antoni）

＊「他會自己找到方式，他也會從中學到經驗。他能掌握戰局，希望尼克也可以。」

—— 尼克總教練丹東尼（Mike D'Antoni）

＊「賽事越緊繃，他的命中率似乎反而越好。他在關鍵時刻超會表現，無所畏懼。」

—— 尼克總教練丹東尼（Mike D'Antoni）

＊「平常跟他打球，看不出他打得特別好；但是，他如果遇到強手，就打得更好，他就是有這種不認輸的個性。你看他打球，他就是做120％的發揮，看他能夠達到什麼程度。」

—— 林書豪父親 林繼明

＊「我真的很欣賞他，有句名言說，一個人努力、把握機會，就能大放異彩，而林書豪是這句話的最佳典範。他非常地鼓舞人心。」

—— 小牛隊前鋒諾威斯基（Dirk Nowitzki）

Part 1

傳奇七連勝Maker

林書豪前傳

Jeremy Lin's Victory

2012年春天，轉開電視的瞬間，也許會誤以為是否每家電視台都接上同樣的線路，因為內容清一色都是「林書豪」。

「NBA豪小子」、「哈佛小子林書豪」、「林來瘋」，跟這位一夕之間爆紅的美籍台裔NBA球員相關的稱號、新名詞源源不絕地出現。他的竄起不是沒有原因，特殊的亞裔身分、超乎想像的精采表現、默默無名的板凳球員一飛沖天，在登上國際舞台之前的坎坷遭遇，讓媒體稱他的故事為新一代的灰姑娘傳奇（而這通常是觀眾最愛的題材）。

從台裔的身分曝光開始，台灣之光的頭銜就掛在他的肩上，他的表現牽動著台灣人民的群眾熱情，攻佔了所有的媒體，他的精采表現深深烙印在每個人腦中。在此同時，其他國家也不落人後，大陸媒體說林書豪的祖籍在大陸，美國總統歐巴馬（Barack Obama）說早在他出名之前就聽過Jeremy Lin（林書豪）的大名，甚至韓國也聲稱他具有韓國血統，而他的身分歸屬更是引發一連串的爭議。

而當所有國家與媒體球迷爭鬧不休的時候，這位瞬間家喻戶曉的球員只想專心打好每一場球，因為在媒體高唱尼克隊救星之前，每一次上場的機會對他來說都是如此得之不易，而在此刻，眾人忙著補充認識他之前的空白，也忙著期待他持續發光發熱的未來。

平凡小鎮造就不平凡之人

1988年8月23日，林書豪出生於洛杉磯，5歲那年隨著全家

遷至加州的帕羅奧圖市（Palo Alto），在這個海灣城市開始了他的成長之路。

帕羅奧圖位於美國加利福尼亞州舊金山灣區南側的聖塔克拉拉（Saint Clara）境內，介於門羅公園（Menlo Park）及山景城（Mountain View）兩個城市之間，總面積66.8平方公里，著名的蘋果公司創立者史帝夫‧賈伯斯（Steve Jobs）在創業後也選擇在帕羅奧圖置產居住。

與舊金山灣的其他城市一樣，帕羅奧圖處於冬暖夏涼且潮濕的地中海型氣候；每日太陽下山後，霧氣經由山麓地帶往西飄移並籠罩整個夜空，彷彿一個吸收白天累積熱氣的毛毯。冬季平均氣溫約在3~14度，夏季在12~26度，年雨量約390毫米，觀察這個城市的住宅，會發現綠地、大樹無所不在。

歷史上關於帕羅奧圖最早的文字記載源於1769年，一名叫Gaspar de Portolà的西班牙軍人在這裡發現了一個Ohlone族的印地安部落，並在此樹立一個紀念牌匾，由於城市一帶生長著一種名叫帕羅奧圖的紅衫，因而得名。

世界聞名的史丹佛大學（Stanford University）即位於帕羅奧圖市內，並與帕羅奧圖的歷史息息相關，史丹佛大學的創立者利蘭‧史丹佛（Leland Stanford）同時也是帕羅奧圖這座城市的建立者之一。

帕羅奧圖也是重要的科技溫床，著名的全錄公司（Xeros）於1970年在此設立研究中心，在這邊誕生了乙太網、Smalltalk程式語言、雷射印表機、滑鼠等高科技產物；惠普公司（Hewlett-

Packard）、知名社交網站Facebook總部亦設於帕羅奧圖市。由於許多高科技公司均設點於此，逐漸形成了以帕羅奧圖為中心的矽谷工業區。

帕羅奧圖市約有64000位住民，由於地處港灣位置，在數百年來的移民背景下，產生了多元民族的城市風貌。所有人口中，白人佔64%，其次為亞裔美人的27%，剩下的為非裔黑人、拉丁裔美人、美國原住民、以及其他種族，在這多元的社會背景下，造就了林書豪廣闊的國際觀。

🏀 家人是成功的最大推手

林書豪的父母在1970年代中期由台灣移民美國，林書豪的父親林繼明，出生於彰化縣北斗鎮，祖先早於1707年即自福建省漳州府漳浦縣移居台灣，傳到林繼明時已是在台第八代。

林繼明畢業於國立台灣大學機械工程系。於1977年前往普渡大學（Purdue University）公費留學，並在此時認識了林書豪的母親吳信信。林繼明在取得博士學位後即加入美國國籍，成為美國公民，如今是一名半導體工程師。

母親吳信信生於台北，自小在台受教育，後才隨母親移民美國，並成為一名電腦軟體工程師。其母陳意子是浙江省嘉興平湖人，於1940年代移民台灣，1969年舉家移民美國。

林繼明與吳信信在美國育有三子，分別是長子林書雅（Joshua Lin）、次子林書豪（Jeremy Lin）、么子林書偉（Joseph Lin）。夫妻皆篤信基督教，林書豪從小在父母的耳濡

目染下，也成為了虔誠的基督徒。並受到NBA球迷的父親影響，自小就熱愛籃球運動。

　　林繼明拿到博士學位後，追隨他的工作崗位來到洛杉磯，電腦工程師的繁重生活讓他想到應該做些運動來抒發壓力。不過這時籃球對林繼明來說只是電視上精采的賽事和球星魅力而已，在台灣高壓的學習環境下，他根本沒有真正學習過怎麼打籃球。於是，他開始反覆觀看NBA比賽的錄影帶，用做研究的態度學習、模仿他的偶像打球的方法。他希望自己的孩子能夠從小就學習怎麼打籃球。這個念頭甚至早於他的第一個孩子Joshua的誕生。

　　從林家長子林書雅五歲開始，熱愛籃球的父親開始教導兒子他在比賽錄影帶上看到的珍貴技巧，之後隨著林書豪與林書偉的加入，讓這項親子間的籃球練習變成一週三次的例行活動，兄弟三人會在做完功課後，跟著父親進入球場，進行九十分鐘的技巧訓練或是二對二的比賽。父親對籃球的熱情也潛移默化至林書豪的身上，這些技巧的訓練成為了林書豪日後成功的基礎。而三兄弟中，林書豪的天份與體格逐漸突顯。高中畢業後，林書豪191公分的身高使他足夠與非洲裔和西方球員在場上廝殺，加上他理解能力強，懂得用腦袋打球，這些都要歸功於父親和那些間接教導他的超級球星們。

　　豪小子的祖母林朱阿麵回憶起當年赴美照顧孫子時，見到當時還小的林書豪幾乎是籃球隨時不離手。可見他熱愛籃球之甚。

林書豪的成功固然是靠自身的才華與努力，但不可否認的是生長過程中，對於籃球夢想不斷的信念，使之在面對挫敗與先天條件受限的情況下能夠堅持自我，而教他堅持下去的便是他的雙親。

　　高中時期的林書豪已經是籃球校隊的明星球員，而在他每場比賽中，經常能夠看見兩個身影守護在籃球場外。林書豪的母親總是與其他家長一同坐在二樓看台區，看著兒子奮力在場上活躍，相較於聲嘶力竭的吶喊，她的加油聲並不張揚，但卻從不缺席，唯有中場休息時會與其他家長或教練進行談話，休息時間一結束，彷彿是自己要上場比賽一般，她會立刻回到坐位上，繼續聲援著林書豪。

　　而他的父親則是用另一種方式關注著自己的兒子，他會在比賽時，走到人潮較少的角落，拿起攝影機專注地拍攝林書豪，絲毫不錯過任何細節。我們甚至可以想像，回到家後，他會如同以前觀看NBA球員錄影帶的方式，對兒子的表現提出精準卻不嚴厲的建議。儘管兩人觀看比賽的方式不同，我們卻能感受到他們同樣表現出的關心與支持。

　　另一方面，讓孩子有自己的思想與發展空間，並不代表林書豪的父母讓他完全隨心所欲。除了讓他練球、參加比賽，對於他的學業也積極監督，林書豪的高中教練接受採訪時說道，林書豪的母親曾在球賽中場休息時，走到他身邊告訴他林書豪的數學得到A－的成績，這禮拜可能無法練球。家人並非無條件支持他的夢想，而是替他想好人生的道路，萬一此路不通，還

有機會嘗試第二條路。自由卻不放任的教導方式讓林書豪懂得約束自己，優秀的學歷與體育成績是他對自己負責的最好證明。

在心靈層面，父母更是林書豪的支柱。由於先天條件與亞洲臉孔，林書豪在追求籃球夢的途中，總是難以避免歧視問題，他曾說道：「我的身分的確使我的成長過程更加困難，人們總是不夠認真看待，他們不認為我真的會打球。」

當林書豪因為他人的歧視與不看好感到沮喪茫然，父親只是教導他，面對他人的批評要保持冷靜，不被那些文句煽動，即使是傷害人的字句，也不過就是一些耳語，並不會造成實質上的傷害。他清楚地告訴林書豪：「只要帶領你的球隊贏球，人們自然會尊敬你。」便是這樣的想法與態度，讓林書豪即使在NBA多數時間坐在冷板凳上，也不斷努力精進，絲毫不敢鬆懈，因為他知道只要有機會展現出自己的能力，他就不會再是被輕視的對象。

羽翼未豐光芒已現

2005年，林書豪進入帕羅奧圖市立高中（Palo Alto High School）就讀，自幼與籃球為伍的他，順應著自己的興趣，加入校內籃球隊，並展現出他過人的天份，成為校隊隊長。他的高中教練回憶第一次見到林書豪，是在他五年級參加某個籃球夏令營裡，當時他對林書豪的感想是他身材相當嬌小，但與他看似孱弱的體格對比，他的籃球能力超乎大家預期，教練認為他

當時已經是個很不錯的球員，對於籃球擁有極佳的直覺反應，而且在那個時候就已經開始展露他的領導能力。校隊期間，林書豪帶領球隊在加州校際聯盟（California Interscholastic Federation）系列比賽中，打出了32勝1負的優異戰績，打破先前由聖母高校（Mater Dei）創下的47勝4負的記錄，同時個人繳出了平均15.1分、6.2籃板、7.1助攻、5.0抄截的亮眼成績單。林書豪並入選了加州當年度的明星隊球員。他的高中教練讚美他「在不尋常的球場直覺以及博士等級的防守（screens）解析能力下，他知道比賽的每個時候要做什麼事，在比賽中他能做到他想要的（效果），旁人想都想不到。而且他無所畏懼。」

在那之後，他成為當地小有名氣的高中球員，也扭轉了一些曾經取笑他的人的看法。當時一名ESPN的記者丹娜·歐尼爾（Dana O'neal）就特別為林書豪寫了一篇專題報導，題為「美國夢在移民者之子身上實現了（Immigrant dream plays out through son）」。他的天份在此時已經展露無遺。不過，有著這樣優異的表現，他仍沒能獲得任何由全美大學體育學會第一級學校（NCAA Division I）提供的體育獎學金，包括林書豪當時一心想進入的史丹佛大學。

哈佛其實是他的最後志願

高中畢業在即，林書豪將個人履歷及在高中所有參加比賽的剪輯DVD寄到各大常春藤盟校（Ivy League）、柏克萊加州大學（University of California, Berkeley）、以及他最渴望進入的史

丹佛大學、洛杉磯加州大學（UCLA），希望藉此獲得入學的機會。但當時太平洋十大學聯會（Pac-10）建議他不要以體育保送的方式入學，而是單純將籃球作為業餘興趣，並成為一名候補球員，僅有哈佛大學（Harvard）及布朗大學（Brown）向林書豪保證，會在校隊內為他保有一席之地，不過兩校均屬於常春藤盟校，依照規定，無法贊助任何體育獎學金。

而當時任教於舊金山大學男籃的NBA退役球員雷克斯・華特（Rex Walters）則是在看過林書豪的比賽後，認為林書豪恐怕難以在NCAA（全美大學業餘賽事聯盟）取得立足之地，因為球探在選擇一個球員時，十分注重他在場上前5分鐘的表現，藉此觀察球員是否跑得夠快、跳得夠高、得分效率夠高等。這樣的挑選方式卻大大限制了林書豪這樣的亞裔球員發展的機會。

此種現象早在2005年7月，林書豪高中時期便可看出端倪，當時哈佛大學的助理教練比爾・霍登（Bill Holden）即在報告中提到，林書豪身高6.3呎（約191公分），符合標準籃球員的體格，且在學平均4.2級分的成績也足以通過哈佛的入學門檻，然而霍登對於林書豪在場上的表現起初並無太大印象，曾對林書豪高中時期的教練彼得・丹佩布洛克（Peter Diepenbrock）說道：「林書豪只能歸類在NCAA第三級（Division III）的球員罷了。」

不過這個印象卻在霍登持續觀察林書豪一週的比賽後，被完全顛覆了。林書豪在球場上敏捷、冷靜的表現，讓霍登形容林書豪擁有與生俱來的殺手直覺（instincts of a killer），能夠本

能性的在場上運球得分，同時重新修正他之前對林書豪的評估，將他定位為第一級的球員。

由於霍登對林書豪的高度評價，在林書豪選校時期，哈佛一度擔心他會選擇進入離家較近的史丹佛大學就讀，而事實上林書豪在這些名校當中，最嚮往的也是史丹佛。這所名校與帕羅奧圖市立高中僅隔一條街，曾出過26位NBA球員，對當時的林書豪來說，進入史丹佛似乎能讓他離NBA夢想更近，但史丹佛並未通過他的獎學金申請，也不保證他能進校隊，延攬他的態度並不積極。林書豪並不清楚自己沒有入選的原因，不過當時亞裔美國人在NCAA第一級球員中僅佔0.4%，也就是5051個人中只有20個亞裔球員。這個數據讓人相信對亞裔球員的刻板印象是史丹佛忽略這位明日之星的原因，他們的冷漠最終促使林書豪進入了哈佛大學。

對於史丹佛並未錄取林書豪之事，林的高中教練彼得‧丹佩布洛克曾說道：「我也並非事不關己的在一旁嘲笑那些一流的教練都是蠢蛋，畢竟，他們的某些考量的確是合理的。」由這句話能感受到種族歧視在美國確實存在。

得知林書豪進入哈佛的消息後，金州勇士（Warriors）隊的老闆，同時也是史丹佛體育俱樂部負責人的喬‧拉可伯（Joe Lacob）氣急敗壞地說道：「史丹佛在沒有積極爭取林書豪這件事上，簡直是蠢到爆！那小子已經要過到馬路的另一頭去了，如果你們再不意識到這點，問題可就大了。」

曾經表示願意讓林書豪成為替補球員的加州大學洛杉磯分

校（UCLA）校隊助理凱瑞‧基廷（Kerry Keating）則是馬後砲地說道：「林書豪要是加入我們，現在早就是我們的得分後衛了。」

這就是林書豪——一個了不起的球員，生涯中首度被各大學球隊錯過。

🏀 NCAA造就各校搶人大戰

National Collegiate Athletic Association，全美大學體育協會，簡稱NCAA，總部位於印地安納州的印地安納波利斯（Indianapolis），是由美國國內各大學大約1200個體育協會所組成的全國性業餘體育協會。所有會員及比賽分為三個等級，其中一、二級的學校可以發放體育獎學金，三級學校則不能發放體育獎學金。多年來，NCAA成了美國職業運動明日之星的孕育搖籃，NBA許多著名球星皆曾在此奮鬥過。

NCAA雖然只是學生校隊競賽，但絕非學生課餘飯後為了打發時間所加入的小社團，比賽不只是為了自己的學校活動，有時甚至代表了學校的面子。NCAA校際聯賽與職業比賽相比亦有特色。由於球員在大學生涯僅有一至三年的參賽機會，為求不被淘汰出局，所有人都會力求表現，苦戰到底，其比賽的激烈程度甚至在NBA之上。同時，因球員在隊上待幾年後便畢業，球員流動率高，鮮少有所謂的萬年強隊或萬年弱隊，也增加了比賽的難以預期性。

私立學校經常給人體育佔下風的印象，而這項聯賽許多私

立大學僅是志在參加，但對公立學校而言，除了增加自己學校的名氣，比賽的門票與轉播收入還能充實荷包，待遇甚至不比職業賽差。

同時各校皆擁有不同的傳統與球風，例如杜克大學（Duke）、喬治城大學（Georgetown）以出產長人聞名；路易維爾（Louisville）和伊利諾（Illinois）大學則著重體能優勢，以肉搏戰和快攻戰速見長。教練之間所愛用的戰術也大不相同，有的擅長緊迫盯人戰術，有的強調進攻，有的更是千奇百怪，令觀眾眼花瞭亂的程度是職業比賽中無法看到的。

除了球員的表現，NCAA各隊的制服、隊名、啦啦隊、標幟及周邊商品也總令人目不暇給，甚至蔚為風潮，現今NBA球員穿著的寬大球褲（Baggy Shorts），以及無袖的T恤（Sleeveless T）等，就是自NCAA引入的。

正由於NCAA的高話題性，各校在爭取好手入學上皆是卯足了全力，有的教練甚至會三顧茅廬到學生家中延攬，或祭出高額的獎學金。這個過程被美國媒體形容為搶人大戰「Recruiting War」。林書豪正是在這場戰爭中被哈佛搶先贏得。

古老的學術殿堂

原文全名為The President and Fellows of Harvard College的哈佛大學，創立於1636年，最初名為「劍橋學院」，其後為了紀念創辦經費捐獻者約翰‧哈佛，才於1639年改名為哈佛學院，到了1780年後才有哈佛大學之名的出現。

哈佛主要校區位於美國麻薩諸塞州劍橋市，隔著查爾斯河與波士頓相望，屬於常春藤盟校成員之一，是美國歷史上最悠久也最著名的高等學府，與臨近的麻省理工學院在世界上享有一流大學的聲譽、財富和影響力，其中哈佛大學的文、法、醫、商是美國公認最優異的。哈佛的學生有著各式各樣的才華與優勢，而面對來自各個國家與社會階層的學生，哈佛提供優良的學習與輔助環境，讓學生能發揮所學，在哈佛中主修經濟學、副修社會學的林書豪，同時還要兼顧校隊練習，看似不可能兼顧學業與興趣，哈佛卻提供了他所需要的資源，例如課後輔導，讓他能在三者中取得平衡。

除了至高的學術地位，哈佛大學的運動校隊也具有一定的聲譽，其運動校隊統稱為哈佛赤紅（Harvard Crimson），在NCAA第一級的隊伍數量高於全國所有大學。而基於常春藤盟校的傳統，哈佛不提供任何體育獎學金。其中哈佛男籃校隊目前僅在NCAA的常春藤聯盟競賽，最後一次打入NCAA第一級的男籃錦標賽是1946年。從2007年開始，林書豪在男籃教練湯米·阿梅克（Tommy Amaker）的帶領下，打過三季的球賽。面對林書豪的大放光彩，湯米感到相當驕傲。

在哈佛屢創佳績

進入哈佛並非林書豪的理想結果，在一般人看來能夠擠入哈佛已經是三生有幸祖先庇佑，但他卻是勉為其難地選擇這個「最後的志願」，原因在於哈佛的運動風氣不比其他名校，運

動成就也不及學術成就，對一個一心想抓住打球機會的年輕人來說，哈佛的吸引力顯然不夠高。但事實證明，林書豪在任何環境下皆能展露不凡的身手，運動風氣高不高不是問題，只要給他空間與機會，他就能帶動風潮。

一位哈佛教練回憶起林書豪在新人球季簡直像隻弱雞，但到了大二時他就以平均每場12.6分的表現入選了常春藤聯盟年度第二隊。林書豪自認高中時期的自己其實有些驕傲，但到了大學，他開始意識到自己的不足，放假回家時也拚命地自我訓練。在此過程中，充滿種族歧視，如雲吞湯、糖醋排骨的叫囂聲未曾停止，但他也逐漸變的「厚臉皮」，不太在意。身為亞裔球員，又是哈佛畢業生，這些背景本身就具有話題性，但他只想把球打好。

到了大三結束前，他已經以平均每場17.8分、5.5籃板、4.3助攻、2.4抄截、0.6阻攻、0.502命中率、0.744罰球命中率、0.4三分球命中率的成績，躋身NCAA一級球隊中前十佳的球員名單，以及常春藤聯盟年度第一隊。

同年度，他並率領哈佛以82－70的比數力克波士頓大學老鷹隊（Boston College Eagles），而就在比賽三天前，這支球隊才剛擊敗戰績第一的北卡羅萊納（North Carolina）。

大四時，林書豪繳出每場平均16.4分、4.4籃板、4.5助攻、2.4抄截、1.1阻攻的成績，再度入選常春藤年度第一隊，並入圍約翰伍登獎（John R. Wooden Award）以及鮑柏科西獎（Bob Cousy Award），同時受邀參加普茲茅斯邀請賽，這些對於

NCAA的球員來說都是莫大的殊榮。當時ESPN的主播法蘭‧法希納（Fran Fraschilla）更將林書豪列入前12名最有能力的大學籃球隊員。

在一場面對康乃狄克哈士奇隊（Connecticut Huskies）的比賽中，林書豪攻下了大學生涯新高的30分以及9籃板。賽後康乃狄克的教練、進入名人堂的吉姆‧卡爾霍恩（Jim Calhoun）對林書豪評價道：「我在這裡看過無數比賽，林書豪具有與任何一隊交手的能力，他在場上的極度冷靜讓他知道如何去打每一場球。」

林書豪在哈佛的最後一個球季中，他帶領隊伍創下了包括勝場數、非聯盟內勝場數、主場勝場數等紀錄，而他個人在哈佛四年內則累積了1483得分、487籃板、400助攻，皆打破了哈佛過去的歷史紀錄。在學術氣息重於運動氣息、總統比NBA球員還多的哈佛，林書豪從古老的學術殿堂中，闖出了屬於自己的亮眼成績，也締造了許多前所未有的紀錄。

2010年，他以3.1級分的成績畢業於哈佛大學經濟系。

🏀 NBA，每個小男孩心中的夢想殿堂

NBA，全名National Basketball Association，意即國家籃球協會，屬於北美四大職業運動之一，是美國的男子職業籃球組織，也是世界最頂尖的職業籃球組織，1946年成立於紐約，原名為BAA（美國籃球協會），1949年改名為現今的NBA名稱。

NBA創立初期僅有11支球隊，如今已擴增至30支，其中29

支位於美國本土，1支位於加拿大。30支球隊依主場所在地分屬東區、西區兩個聯盟（Conference），每個聯盟又各有三個分組（Division），每組五支球隊，以此模式進行競賽。

　　每年11月的第一個星期二是NBA賽季開打的日子，在此之前還有為新人舉辦的夏季聯賽及熱身用的季前賽，允許非NBA球隊參加。一個賽季中，每個球隊需打滿82場比賽，主客場各

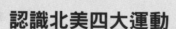

認識北美四大運動

　　NBA在北美四大職業運動中排名第三，四大職業運動分述如下。但由於冰球在美國南部較不風行，也有人將其餘三個聯賽統稱北美三大職業運動：

① 國家美式足球聯盟NFL（National Football League），創立於1920年，分為AFC與NFC兩個聯會，2012年為止一共有32支球隊。

② 美國職棒大聯盟MLB（Major League Baseball），成立於1903年，是美國最早發展的運動，分為國家聯盟（簡稱國聯），及美國聯盟（簡稱美聯），一共有30支隊伍。

③ 國家籃球協會NBA（National Basketball Association），創立於1946年，分為東、西區，共有30支隊伍。

④ 國家冰球聯盟NHL（National Hockey League）創立於1917年，也分為東、西區，共30支隊伍。

佔一半，與同一分組的隊伍需各打4場，每支球隊在自己的主場至少都會與其他29支球隊進行一次交手。

由於必須在大約半年的時間內進行82場比賽，例行賽的賽程極為緊湊，球隊在一個星期內有3到4場的比賽，包含連續數日出賽、連續客場出賽的艱困情形，每週及每月都會在東、西區分別選出最有價值球員（MVP）。

每個球季開打後的次年2月，例行賽將會暫停一週，藉以舉辦一年一度的NBA明星賽（All-Star Game），世界各國球迷對明星隊陣容進行票選，東、西獲得最高票的球員可獲得先發機會，其餘名額則由各隊教練投票選出，教練分別由明星賽前東、西區戰績最佳的球隊教練擔任。除了明星賽之外，NBA還會舉辦一系列的周邊活動，包含了新秀挑戰賽（由當年新秀挑戰去年新秀）、灌籃大賽（以各種高難度動作灌籃）、三分球大賽（在規定時間內投進最多三分球）、技巧挑戰賽（在最快時間內完成運球－投籃等一系列動作）、混合投籃賽（由來自不同協會的球員合作投籃）等。

明星賽結束後，正式進入下半球季，每支隊伍在此階段的目標只有一個，那就是提升戰績以進入季後賽（Playoffs）。最後由東、西兩個分區的各分組冠軍加上成績最好的球隊，共十六支隊伍取得季後賽資格。

每年的例行賽結束後，NBA會針對當年度表現出色的球員頒發各類獎項，獎項有「年度最有價值球員」、「最佳新秀」、「最佳防守球員」、「最佳第六人（替補球員）」、

「最佳進步球員」、「最佳教練」等。同時評選最佳陣容，最佳防守陣容及最佳新秀陣容，一年的例行賽季到此正式畫下句點。

　　季後賽在每年的4月下旬開打，採七戰四勝制，依雙方在例行賽的勝率，再以2—2—1—1—1的方式，分配在主客場地出賽，以滿足雙方球迷看球的渴望。由東、西區各八支球隊分開

NBA Files

NBA球員一生追求的榮耀
── 賴瑞‧歐布萊恩獎盃

　　賴瑞‧歐布萊恩冠軍獎盃（Larry O'Brien NBA Championship Trophy）是NBA每年頒發給總冠軍隊伍的獎盃，創立於1977年，此獎盃的名稱是為了紀念前任NBA總裁，曾在1965年至1968擔任美國詹森總統的郵政總長的賴瑞‧歐布萊恩。

　　賴瑞‧歐布萊恩冠軍獎盃由蒂芬妮公司（Tiffany）製造，造型靈感來自於籃球入網瞬間的畫面，以14.5磅的法定純度製成，鍍有24克拉金，高兩英尺，其中籃球的直徑長9英寸，接近實際的籃球尺寸，獎盃會刻上球隊名稱及奪標年份。

　　獎盃本身的價值約13,500美元。每年贏取總冠軍的球隊將可以永久保存獎盃，並在慶祝勝利的遊行中大方展示，之後則會放在球場內展覽。

進行三輪淘汰賽，每個第一種子都會先對上第八種子，第二種子對上第七種子，以此類推，意即排名越高的隊伍將有可能遭遇較弱的對手。經過三輪比賽決定出東、西區的冠軍球隊，再由兩隊進行最後的總決賽，爭奪當年度NBA總冠軍。

總決賽（Finals）一般在每年的6月進行，採七戰四勝制，主客場分配依戰績分為2—3—2。獲勝的球隊將獲得NBA總冠軍，冠軍球隊將捧得賴瑞·歐布萊恩（Larry O'brien）冠軍獎盃，表現最出色的球員則獲頒總決賽MVP。冠軍隊成員更能獲得每位NBA球員夢寐以求的總冠軍戒指，上面刻有球隊標誌以及奪冠年份。

🏀 灰姑娘故事的開始

2010年5月，林書豪自哈佛大學畢業，懷抱著對籃球的熱情與希望投入了2010年度的NBA選秀。6月26日，在紐約麥迪遜花園廣場舉辦的選秀大會中，扛著過去四年來在哈佛赤紅隊的輝煌紀錄與亮眼成績的林書豪，卻未被任何一隊看上眼，成為當年度眾多落榜球員之一。

達拉斯小牛隊的經理東尼·尼爾森（Donnie Nelson）慧眼獨具，是當時唯一對林書豪釋出善意的球隊高層，即使並未提供合約，但他邀請林書豪參加在拉斯維加斯舉辦的當年度NBA夏季聯賽。林書豪回應了這個邀請，並在夏季聯盟出賽了五場，平均上場時間18.6分，繳出了每場平均9.8分、3.2籃板、1.8助攻、1.2抄截，命中率54.5%的不錯成績，與場上的年度新秀約

翰‧沃爾（John Wall）平分秋色，獲得觀眾喝采。

　　由於抓住夏季聯賽的機會大放異彩，林書豪一下子獲得了來自達拉斯小牛、洛杉磯湖人、金州勇士，以及另一東區隊伍

NBA Files

NBA的選秀制度

　　NBA球員大多來自美國大學籃球聯賽（包括NCAA、NAIA、NJCAA等），少數來自高中，黑人球員佔70%以上，近年由於NBA大力開拓國際市場，加盟NBA的外國球員也逐漸增加。

　　每年6月底，在紐約麥迪遜花園廣場舉行一年一度的NBA選秀大會。參加球員需年滿19歲，美國本土球員需高中畢業至少一年。每支球隊每年都會分得兩個選秀權，選秀權可用來交換。

　　選秀大會分為兩輪，每輪30個順位，分別依各球隊在例行賽、季後賽的成績決定排序，成績差的球隊有較佳順位，前三順位另外抽籤決定。

　　球隊在選中新秀之後有三個選擇：簽約、放棄、交換。若遭到放棄則成為自由球員。若被交易，且還未獲得合約，則新秀的薪資價值依然為零。球隊與新秀簽約後，60天內不能將他轉與其他球隊交易。若新秀不願與選中球隊簽約，而球隊又不同意交易或放棄的話，該新秀在一年內將不能和其他NBA球隊簽約，挑選他的球隊保留有一年的簽約權，但該新秀仍可參加隔年選秀再次尋求機會。

的邀約，最後林書豪選擇加入來自家鄉、擁有良好球風的金州勇士隊。

當時決定簽下林書豪的勇士隊教練說道：「如果你看過他在拉斯維加斯對上約翰‧沃爾那場比賽的影片，他甚至打得比他（約翰‧沃爾）好。他沒有理由不被招募。」可以看出勇士隊的教練相信他有進NBA的條件，但他同時也說林書豪必須在球場上證明他自己的能力，可得知教練對這名球員仍不是百分之百有信心。

2010年7月21日，林書豪與金州勇士隊簽下兩年共50萬美元的合約，同時與球鞋商Nike簽下三年合約，正式踏上他的NBA之途，林書豪對自己終於觸摸到夢想，感到無比的喜悅，當他接到合約的消息時，林書豪叫醒他的兄弟，對他們興奮地大叫，並馬上打電話通知父母這項好消息。他只記得他說：「真是不敢相信！」並大叫、尖叫，非常興奮。「我不記得我說了

NBA Files

金州勇士隊

金州勇士隊（Golden State Warriors）成立於1946年，是NBA的創始球隊之一，前身為費城勇士隊（Philidelpia Warriors），並在1947年獲得BBA第一屆的總冠軍。1962年遷至舊金山灣，直到1971才改名為現今的金州勇士隊，並將主場遷到加州的奧克蘭（Oakland）。

什麼，但如果你當時靠近我家，你應該會聽到我的聲音。」

就這樣林書豪成為繼1954年紐約尼克隊的艾德・史密斯（Ed. Smith）之後，史上第三位進入NBA的哈佛畢業生。

7月28日，就在被勇士簽下不久，林書豪首次踏上了台灣的土地，參加大陸球星姚明號召的「姚基金慈善義賽」，期間曾與總統馬英九會面，同樣身為哈佛校友，林書豪與馬英九談起求學回憶甚有共鳴。

⚫ 當神關起所有的門

雖然如願進入了NBA這個世界籃球的最高殿堂，他的籃球之路卻不如預期的順利，林書豪在勇士隊並未獲得重視，僅有在熱身賽、或是比賽即將結束階段，才能夠得到上場機會。

2010年10月8日的熱身賽中，勇士隊在主場迎戰洛杉磯快艇隊，林書豪在第4節首度上場，僅管只是無關緊要的熱身賽，卻是林書豪在NBA的首次登場，也是首位台裔籃球球員踏上NBA的球場。林書豪最後共上場11分鐘，繳出7分、3籃板、2助攻的表現。

10月27日，2010—2011的NBA賽季正式開打，勇士隊雖將林書豪登錄在球隊正式名冊，但卻將他分在傷兵名單，林書豪因此失去了上場機會。

10月29日勇士隊對洛杉磯快艇的比賽，在大量領先的情形下，林書豪於第四節最後2分32秒替補上場，由於時間不長，只有1抄截的成績。

10月31日，勇士隊作客湖人隊主場史坦波中心（Staples Center），林書豪上場16分鐘，一度帶領勇士隊打出一波12比1的攻勢，投進個人在NBA正規賽生涯的第一球，最後因5犯下場，成績為2分、3助攻、4抄截。

11月21日，勇士再度在客場面對湖人，林書豪攻下當年球季的個人新高13分。

僅管林書豪珍惜每個持球的機會、爭取好表現，過短的上場時間讓他無發揮之地，使得他的貢獻並不突出，最後終於在12月28日首度遭下放至勇士隊在國家籃球發展聯盟（NBA D-League）的雷諾大角羊隊（Reno Bighorns），雖然不久後球團即將林書豪召回一軍，但他在勇士隊的日子依舊不大順利，2011年1月9日，以及3月17日，林書豪又兩度被下放發展聯盟（NBA二軍）。也正是因為被下放，林書豪絲毫不放棄任何一場能夠表現的球賽，積極爭取好成績，總計在大角羊隊期間共出賽20場，獲得每場平均得分18分、5.8籃板、4.3助攻，最高得分紀錄27分的優異表現。

反觀在NBA的時間，林書豪僅有零散短暫的上場時間，直到2011年4月13日球季結束時，林書豪的成績為不起眼的平均每場2.6分、1.2籃板、1.4助攻。

這個時候，台灣與中國的運動界同時注意到林書豪這一顆明日之星，檯面下各自展開了對林書豪的挖角行動。

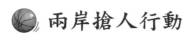 兩岸搶人行動

2011年5月27日到6月1日期間，林書豪展開了生平首次的大陸之旅，他走訪了外婆的故鄉浙江省平湖，由於他的外婆十年前在平湖中學設立獎學金，他也走進學校與當地學生互動。行程中多次被大陸記者問到是否加入CBA或大陸國家隊，林書豪皆未正面回應。

6月底，台灣體育協會列出中華隊出戰亞錦賽的選手名單，林書豪列名其中，由於他希望先留在NBA站穩腳步，使得這件事最後不了了之。

2011年7月1日，由於嚴重的勞資糾紛，使NBA發生自1998年以來首度的NBA封館事件，封館一直持續了四個多月，這段期間林書豪對於自己的未來感到迷茫，多次考慮轉往海外發展，台灣與中國又把握機會，拚命對林書豪釋出善意。8月4日，林書豪再次造訪台灣，擔任Nike舉辦的夏季聯盟總決賽貴賓，並出席多場活動，期間中華隊卯足全力要拉這位好手入隊，仍未成功。

9月下旬，大陸方面正式宣布林書豪加入東莞烈豹隊，29日林書豪首度在CBA出賽，隔天更獲得了單場MVP。雖然包含姚明在內的幾名球團高層都希望他留在大陸效力，但林書豪最終還是因與勇士隊的合約，選擇回到了NBA。

在NBA持續流浪

2011年11月30日，NBA勞資雙方達成協議，長達四個多月的NBA的封館宣告終止，為了釋放隊伍的薪資空間，勇士隊選擇於12月9日將看似沒有太大表現的林書豪釋出，當時的球隊高層沒有一個人知道，就在兩個月後，他們將為了這個決定捶胸頓足、懊悔不已。

12月12日，就在遭到勇士隊捨棄後三天，林書豪被休士頓火箭隊延攬。休士頓是美國華人數量極多的城市，且火箭隊更是數年前另一位華裔球星姚明成名的舞台，各界都關注林書豪是否能成為自姚明退休後，另一位強力主打的華裔球星。林書豪本人則是高興得在推特上說道：

「我很享受在勇士的生活與打球時光。雖然要離開老家，但我還是想打NBA，因此對於能加入火箭感到相當興奮。接下來我會跟火箭簽約，在NBA重新爭取自己的位置和角色，我很

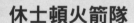

休士頓火箭隊

休士頓火箭隊（Houston Rockets），創於1967年，原設立於聖地牙哥（San Diego），1971年遷至休士頓直至今日。因休士頓華人住民極多，加上著名的中國球星姚明曾在隊上效力過，使得火箭隊在華人界擁有大量球迷。

感激有這個機會，等不及要好好表現，現在，我得先熟悉隊友和整個系統。」

然而當時火箭隊已有崔基奇（Goran Dragic）、洛瑞（Kyle Lowry）和弗林（Jonny Flynn）三名控球後衛，體育界部分人士不看好同屬後衛的林書豪未來發展。果然，林書豪僅僅在火箭隊的熱身賽出場了7分鐘，同時火箭隊為了簽下山繆‧戴倫波特（Samuel Dalempert），在12月24日與林書豪解約，林書豪渡過了人生中最不快樂的一個聖誕節，而隔天就是NBA新球季開打的日子。

低潮的日子沒有持續太久，事隔兩日，紐約尼克隊就決定簽下林書豪。

2011年NBA球季開打前，尼克隊為了加強陣容，自小牛隊請來了泰森‧錢德勒（Tyson Chandler），與隊上原有的球星

NBA Files

紐約尼克隊

紐約尼克隊（New York Knicks），成立於1946年，主場位於著名的紐約麥迪遜花園廣場（Madison Square Garden），是NBA創始球隊之一。隊名來自於Knicker-bocker，意即紐約人。隊史上曾2度奪得NBA總冠軍，分別是1970與1973年。

「甜瓜」安東尼（Carmelo Anthony）及史陶德邁爾（Amar'e Stoudemire）組成鐵三角，原有希望在眾球星的合作下發光發熱，豈知球隊的控球後衛中，戴維斯（Baron Davis）與薛姆波特（Iman Shumpert）分別受了背傷、膝傷無法出賽，僅剩下畢比（Mike Bibby）、道格拉斯（Toney Douglas）兩名老將，迫使尼克隊不得不另尋可用之才，最後簽下遭火箭隊釋出的林書豪。獲悉消息當日，林書豪曾在推特上發表：

「感謝上帝給我機會成為紐約尼克球員，是時候把大學時的冬天外套找出來了！」面對不斷遭下放的境遇，林書豪僅以幽默的口吻輕描淡寫，彷彿人生真的就只像衣服換季一般單純，事實上林書豪在這段低潮期間，曾經感到迷惘，對他生命中至重的籃球失去熱情，更曾躲在被窩流下痛苦的眼淚。認真的個性讓他努力達成盡善盡美、給出最好的表現，卻讓自己的壓力更為沉重，贏球與否輕易左右他的情緒，這些情緒反倒成

★ 狂轟教頭 ── 丹東尼（Mike D'Antoni）

1951年5月9日生，擁有美國與義大利兩國國籍，於2009年接任尼克隊總教練一職。他最擅長的莫過於快打戰術（early offense），讓球員拚命地跑位、快攻藉以突破敵方防守。曾在2005年獲選NBA年度最佳教練。

為牽絆自己的枷鎖。

　　林書豪入隊之初，尼克總教練丹東尼（Mike D'Antoni）面對媒體時說道：

　　「林書豪可能會是我們隊上最聰明的球員。雖然我這幾年沒有太關注他，但當我們和他一起練球後，我就愛上他了。他將會很快步上軌道，而且他是個知道傳球的人。」

NBA Files

國家籃球協會發展聯盟D-League

　　NBA Development League，簡稱D-League。是由NBA為支持籃球發展而於2011年成立的組織，創始隊伍共有8支，如今已有16支隊伍。

　　發展聯盟的意義就如同MLB的小聯盟（即二軍之意），是NBA各隊培養新人的「農場」。由於NBA球隊整季需保持15名球員名額，包含3名不活躍名額，因此往往會將表現較差的新人暫時送至發展聯盟磨練，即所謂「下放」，但僅有NBA資歷不超過兩年的球員符合下放資格，而當一位球員在發展聯盟表現優異、或是隊上傷兵過多時，就有可能再被召回NBA，一位球員最多可被三次召回及下放。

　　發展聯盟的球員包含了被NBA選秀選出的球員，以及被解約的球員，甚至也有非NBA的球員，這些非NBA球員可以藉著在聯盟的出色表現被球探發掘，進入NBA的殿堂。

但也有人對林書豪的加盟持悲觀態度，ESPN記者馬克‧史坦（Marc Stein）即認為尼克長留林書豪的機率不大，僅是為了撐過薛姆波特傷癒前的這段期間，加上林書豪拿的並非保障合約，尼克在2月10日前都可以與他解約，且不用支付剩下的薪水。果不其然，2012年1月17日，在零星出賽7場，包含2場熱身賽，且上場時間皆低於6分鐘後，林書豪與中鋒喬丹（Jerome Jordan）同時遭球團下放發展聯盟，這次他在發展聯盟待的球隊是艾利灣海鷹隊（Erie Bay Hawks）。

林書豪在海鷹隊出賽1場，上場44分鐘，打出28分、12助攻、11籃板的大三元成績，外加2抄截，幫助海鷹隊拿下勝利。反觀尼克在NBA的戰績不振，連續吞下6敗，以6勝10負的戰績在東區排名第10，而隊上後衛群的表現更是荒腔走板，無法順利掌控球賽節奏，美國國家廣播公司（ABC）運動專欄作家施若德（Scott Schroeder）為此發表一篇專欄，當中提到：

「尼克隊應該儘快將林書豪召回，因為他比目前另一名替補控衛畢比（Mike Bibby）優秀，同時他也證明了自己不只是市場行銷的工具，更重要的是，林書豪真的能打，而且還有成長的空間。」

迫於傷兵過多、控衛表現不佳等因素，尼克隊終於在1月23日召回了林書豪，而這一決定也將扭轉尼克隊的命運。

離開板凳，掌握全場

此時的尼克隊正處風雨飄搖的階段，由於戰績不佳，尼克

隊前鋒史陶德邁爾（Amar'e Stoudemire）傳出可能被費城76人隊挖角，主力球員「甜瓜」安東尼（Carmelo Anthony）的表現則被紐約媒體及球迷罵到翻，更傳出尼克高層想以前湖人教頭傑克森（Phil Jackson）取代教練丹東尼，種種不利因素卻也給了林書豪挺身而出的表現機會。

2月4日，尼克隊在主場迎戰紐澤西籃網隊，在主力球員大多帶傷的情況下，無技可施的丹東尼抱著姑且一試的心態，在第一節即將結束時，將林書豪派上了球場。

林書豪沒有錯過這個上帝給他的機會，為了登上這樣一個表現舞台，他已經等了像一輩子那麼久的時間，從5歲開始碰籃球到此刻終於有機會展現自我，他已經苦練了18年，台下的十年功力，似乎就只為了這一刻而累積，蘊藏在他體內多年的驚人力量終於在此爆發。

第一節結束，尼克以20比30落後，第二節，林書豪率先破網，打出一波11比3的攻勢，瞬間將差距縮小到2分差。尼克靠著林書豪單節貢獻6分以及多次助攻，在中場前將比數追成46比48落後。

下半場易籃後，林書豪繼續上半場的手感與氣勢，在第3節攻進了7分，但與籃網隊的差距仍維持在2分。到了第4節，林書豪急起直追，一口氣奪得12分，包括在兩隊僵持不下時，一記將領先擴大至3分的14呎跳投，終於率領尼克後來居上，終場前3分半，林書豪再度打出一波5比0的攻勢，尼克將比數拉開到雙位數領先，宣告了籃網隊的結局。

認識林書豪的戰友

★1.「甜瓜」安東尼（Carmelo Anthony）

生於1984年5月29日，現任紐約尼克隊的小前鋒，身高203公分，體重104公斤，名字中的melo使他得到「甜瓜」這個綽號。2003年NBA選秀中入選丹佛金塊隊，與同年的韋德（Dwyane Wade）、詹姆斯（LeBron James）同為當今NBA的重要球員。2010年被交易到尼克隊，成為後來向教練推薦林書豪上場的重要隊友。

★2.「阿罵」史陶德邁爾（Amar'e Stoudemire）

生於1982年11月16日，現任紐約尼克隊大前鋒與中鋒，身高208公分，體重113公斤，有「小霸王」、「A米」、「Hellboy」、「STAT」、「Man Child」、「Bam Bam」等綽號，台灣網友慣稱為「阿罵」。在2002年的NBA選秀的第一輪中被鳳凰城太陽隊給相中，其鋒芒甚至壓倒狀元姚明，成為當年度NBA最佳新秀，於2010年被交易至紐約尼克隊。

★3.錢德勒（Tyson Chandler）

生於1982年10月2日，現任紐約尼克隊中鋒，身高216公分，體重107公斤，2001年NBA選秀的第一輪中被芝加哥公牛隊選中，輾轉待過黃蜂、山貓、小牛等隊，並在2011年助達拉斯小牛隊奪得當年總冠軍。2011年球季年底被交易至尼克隊。

終場哨音終於響起，尼克最終以99比92擊敗籃網。然而這不只是尼克的勝利，更是林書豪的勝利，合計他在這場比賽上場36分鐘，奪得25分7助攻，兩項皆締造生涯新高紀錄，驚奇的表現讓紐約麥迪遜花園廣場充滿了「我們要林書豪」、「安可」的尖叫及呼喊，群眾的情緒沸騰，這是林書豪創下的歷史性的一刻，是一顆閃耀明星自板凳球員蛻變而成的一刻，也是奇蹟發生的一刻！

林書豪一役成名，賽後被隊友團團圍住並擁抱，尼克已經很久沒有如此激勵人心的勝利了，一旁的總教頭丹東尼瞇起了雙眼，在林書豪身上他隱約看到一絲希望，這個小子是未來尼克起死回生的王牌，也是他保住教練飯碗的關鍵。

🏀 拋開過往，挑戰自我

兩天後的2月6日，林書豪在花園廣場再度上場對決猶他爵士隊，不同的是他這次的身分已經從板凳球員變為先發球員，這是林書豪夢寐以求的時刻。此役他上場了45分鐘，幾乎是整場球賽的時間都能看到他在場上活躍，還得了全場最高的28分、8助攻，成為NBA史上首場先發得分第二高的球員，僅次於1981年的活塞隊控衛以賽亞·湯瑪斯（Isiah Thomas）。同時幫助尼克隊以99比88大勝爵士隊，美中不足的是他在這場比賽發生了八次失誤，但仍瑕不掩瑜，在觀眾眼中他已經成為了拯救尼克隊的英雄，他向全場的觀眾以及教練證明了他的優異表現並不是曇花一現，也絕不是靠運氣，林書豪的名聲開始在NBA

中竄起延燒。

2月8日，尼克隊作客華盛頓，對戰當地巫師隊，林書豪再度先發，對上了招牌後衛約翰‧沃爾（John Wall）。回顧2010年，林書豪與沃爾同時參加NBA選秀，兩人的命運卻是大不相同，沃爾以狀元之姿進入巫師隊，而林書豪則乏人問津，最後慘遭落選；同年的夏季聯賽，林書豪在場上又遇到了沃爾，雖然他的表現毫不遜色，但是全場觀眾的目光仍無情地灑在新科狀元沃爾身上，如今兩人在NBA球場上再度相遇，一個已是巫師隊一哥，另一個則是被冷落了一年後終於嶄露頭角的板凳球員，天差地遠的境遇讓林書豪心中有著說不出的滋味，此場球賽的勝負更是關鍵。

林書豪並未因沃爾的狀元光環怯場，而是勇敢地一決高下，整場比賽彷彿兩隊後衛的對決，林書豪整場12投6中，攻下13分，而沃爾雖有21分進帳，但19投僅4中，兩人的交鋒令球迷

⭐ 2010選秀狀元──約翰‧沃爾（John Wall）

生於1990年9月6日，為華盛頓巫師隊的控球後衛，身高193公分，體重88公斤，為2010年的選秀狀元，在這場選秀中與林書豪首次交鋒，後來得過2011年NBA新人挑戰賽的MVP，他過人的彈跳力與爆發性常被球迷津津樂道。

看得目瞪口呆，越來越多的球迷開始替客隊的林書豪助威。

　　林書豪終場交出10次助攻的成績，為此NBA－TV球評安東尼（Greg Anthony）認為：「林書豪是個令人驚奇的傢伙，他不只在打籃球，還讓『我們』全部的球員都打到球；相對於沃爾，雖然有天賦，但卻是『我』一個人打球，兩人的高下立見。」

 ## 經典進球再創高峰

　　一連三場比賽的好表現，讓林書豪在幾天內成為美國家喻

⭐當代湖人隊的靈魂人物 ── 小飛俠布萊恩（Kobe Bryant）

生於1984年8月23日，現任洛杉磯湖人隊的得分後衛，身高198公分，體重93公斤，有「小飛俠」、「Mr. 81」、「KB24」、「Mamba黑曼巴」和「籃球之神」等綽號。在1996年的NBA選秀大會中於第一輪時被夏洛特黃蜂隊選中，隨即在同年被交換至洛杉磯湖人隊中效力，在1999到2002年三度助湖人隊奪冠，締造史上第三個「湖人王朝」。NBA生涯共獲選2次總冠軍賽MVP、1次NBA年度MVP、14次NBA明星隊球員，在他率領下湖人隊一共奪得5次總冠軍、及7次西區總冠軍，亮眼的表現常被拿來跟麥可·喬丹等人相比。

戶曉的人物，球迷涵蓋各領域，舉凡NBA傳奇球員俠客‧歐尼爾（Shaquille O'Neal）、知名黑人導演史派克李（Spike Lee）、到美國總統歐巴馬全都為之瘋狂。尼克教頭丹東尼也不再對林書豪的實力有任何懷疑，他對記者說道：

「林書豪絕對是真材實料！我這麼說的理由是因為，林書豪的傳球視野不會變差、速度不會變慢、解讀比賽能力也不會退步，我認為這些能力只會越來越好。他在場上游刃有餘，還能帶動隊友，這正是我們想要的。」

林書豪終於在尼克隊站穩腳步，確立了自己在隊上的先發地位。

2月10日，尼克隊在主場迎戰洛杉磯湖人，眾人的焦點都是林書豪與湖人明星後衛布萊恩（Kobe Bryant）的對決，賽前布萊恩在被媒體問到對林書豪的看法時，曾一臉茫然地說道：「不知道，他是誰？他是幹嘛的？」顯然不將林書豪這個後起新秀放在眼裡。

但就在林書豪攻下生涯新高的38分，帶領尼克以92比85大敗湖人後，布萊恩又被問了同一個問題，只見他一臉沒好氣地說：

「我還能說什麼？他都從我們眼皮底下拿走快40分了。」

隔天尼克再度戰勝明尼蘇達灰狼，林書豪第一次獲選當週最有價值球員。

2月12日，時逢情人節將至，林書豪在加拿大多倫多出戰暴龍隊，前幾場的好表現讓球賽開場主持人便說出「情林節」

（Va-Lin-tine's Day）的詞句，透露出他的魅力渲染強度之大，此場賽事中，林書豪給出了生涯新高的11次助攻，並在鐘響前投進致勝三分球，這段鏡頭不斷在媒體上強力放送，群眾對林書豪的瘋狂達到高峰。

2月15日，尼克戰勝沙加緬度國王。

2月17日，僅管不是在NBA的第一年，林書豪仍然破例入選了2012年的新秀挑戰賽，並被他的前輩、同時也是球迷的俠客‧歐尼爾徵召入隊。

2月19日，林書豪帶領尼克隊擊敗去年冠軍達拉斯小牛，在場上他遇到了自小到大的偶像傑森‧基德（Jason Kidd），並得

★ 林書豪的兒時偶像 —— 傳奇控衛基德 （Jason Kidd）

生於1973年3月23日，2012年為達拉斯小牛隊的控球後衛，身高193公分，體重95公斤，有「J-Kidd」、「JK」、「神奇小子」、「大三元製造機」等綽號。歷經達拉斯小牛隊、鳳凰城太陽隊、紐澤西籃網隊，最後又回到了小牛隊效力。他出色的控球能力和全方位的技術，讓他常在NBA比賽中取得三雙的成績，也就是個人在比賽中的得分、籃板、助攻、抄截、阻攻五項表現的任三項達到兩位數，這被認為是最能顯現個人全面性技術的指標。

到基德的高度評價。場邊還聚集了導演史派克李、臉書創辦人馬克‧祖克伯（Mark Zuckerburg）、電影明星凱文‧科斯納（Kevin Costner）等名人觀戰。

2月21日，尼克隊大敗老鷹隊。

2月26日，林書豪以「SHAQ」隊的一員參加新秀挑戰賽，上場8分鐘，享受一個新人球員所能獲的最大殊榮。

2月29日，林書豪再次帶領尼克隊，在面對騎士的比賽中逆轉獲勝，在NBA下半球季取得一個完美的開始。

當然，林書豪並非無敵之身，2月17日對戰黃蜂、2月20日對戰籃網、2月24日對戰熱火、3月4日對戰塞爾提克的4場比賽中，僅管林書豪奮戰不懈，還是在最後嚐到失敗的滋味，另外在過去幾場比賽的失誤次數過高，也多次為美國媒體詬病，甚至在3月4日的敗戰後，有媒體戲稱「林書豪與他的尼克隊終於回到了地球」。對一個新興之星來說不免苛求，23歲的林書豪還有許多技巧需要學習，他的未來發展仍舊不可限量。

2012年3月13日，隨著尼克隊的六連敗，「林來瘋」正式劃下句點，但他的個人表現依舊不俗，林書豪仍是至今全球最熱門的運動焦點。每當尼克隊出賽，總有大批球迷徹夜不眠地盯著電視機，搶著一睹他的丰彩。面對突如其來的成功，他維持一貫的謙虛與虔誠，更加深了他在觀眾心中的良好印象，這樣的態度也使他在名利兼收、充滿誘惑的環境中把持住當初的單純信念與理想，年僅23歲的他正譜寫著一頁頁屬於自己的傳奇篇章，而林書豪的時代，才剛剛正式開始。

Part 2

林書豪給年輕人
的12件禮物

Jeremy Lin's Victory

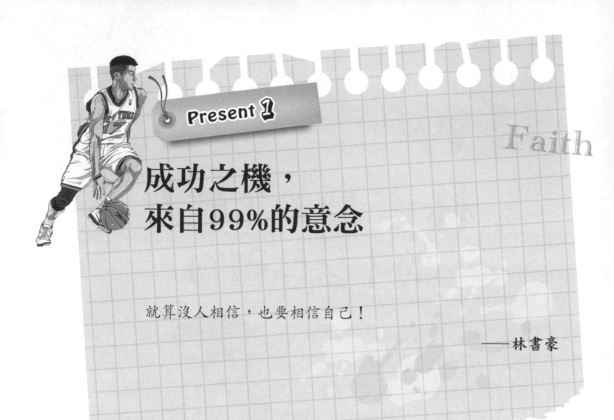

Faith

成功之機，
來自99%的意念

就算沒人相信，也要相信自己！

——林書豪

"Not only so, but we also rejoice in our sufferings, knowing that suffering works perseverance; and perseverance, proven character; and proven character, hope: and hope doesn't disappoint us."

—— Romans 5 : 3-5

「因為患難生忍耐，忍耐生老練，老練生盼望，盼望，不至於羞愧。」這段《聖經》的原文來自使徒保羅，在三次宣教之旅的過程中，保羅歷經各式各樣的磨練，飢渴、寒冷、被毆打、被監禁，在這些困頓的時刻，保羅以堅定的信仰，完成宣揚福音的挑戰。

就是這一段話，讓籃壇新秀——哈佛小子林書豪（Jeremy

Shu-How Lin），決定重新挑戰自我，從低潮中走出來，而成名後的他，依然將自己的榮耀歸於上帝。他的信仰，帶領他走向頂峰，也引導他回歸平常心，失敗的懊惱與成功的喜悅，他都以同樣地坦然接受。

林書豪的起點，是信仰。我們不必了解他的信仰，都能從他球衣的背號看出端倪。林書豪的背號17，就是「與上帝同在」的同義詞。《聖經・創世紀篇》記載，上帝創造世界花了六天，第七天代表一個圓滿、完整的休息日，所以在聖經中，7就是代表圓滿的數字，而林書豪背號上的1，則代表他自己，1與7並排，就是自己常與上帝同在之意，就是這樣的信仰，讓林書豪將過往的經歷轉變為發光發熱的能量，也是這樣的信仰，讓他能在成名後仍舊保持初衷，以平常心面對他人的期待與每一場比賽的挑戰。

林書豪向世人證明了「成功的人是因為先相信，所以才會看見，但一般人卻是要看到，才會相信。」這就是兩者最大的不同，成功的人在完成夢想前，腦海中都有一個畫面，而他們只是把腦海中的畫面實現而已。例如萊特兄弟發明第一架可載人的動力飛行器，一開始他們就毫不懷疑地肯定人類在天空中飛行的可能，並在腦海中想像出人類翱翔藍天的畫面。「心之所向」就是他們成功的法則，因為萊特兄弟從不認為這是無法實現的「空想」，而是肯定會成真的「理想」。因此，他們才能創造出舉世矚目的發明，實現自己、甚至是全人類從未想過的夢想。

榮獲世界射箭金牌的美國選手瑞克‧麥金尼（Rick Mckinney）也說過：「勝利者與失敗者的區別就在於，前者總是想著答案的部分，後者則總是想著問題的部分。」當然，根據「心之所向」的定律，你越執著於問題的困難度，無形中它將在你的意識裡下達「很難達成」的命令，進而使你喪失解決問題的信心；反之，如果你想著答案的可行性，你會發現問題相當簡單，最終肯定能迎刃而解！

🏀 「心之所向」的力量

　　精神分析學的創始人西格蒙德‧佛洛伊德（Sigmund Freud）透過研究人類的心理發展，在「潛意識」與「三個我」理論中，將人格結構比喻為一座在水裡的大冰山，上層浮出水面的部分較少，代表「意識層次」，包括「自我」（現實我）與「超我」（道德我）；大部分隱藏於水面下的，即屬於「潛意識層次」，而「本我」（生物我）就在其中。簡言之，假設某人去參加電影試鏡選角，即是自我的運作，以滿足受人矚目的潛在欲望（本我）。進一步推論到「心之所向」的規則，也就證明人們可藉由心中的意念支配行動，甚至影響周遭事物。

　　「心之所向」就代表你心中想法的體現。如果我們心裡充滿負面、消極的思想，那麼，我們就會遇到壞人或不好的事；如果我們心存正面、積極的想法，那麼，我們走到哪裡遇見的都是貴人，走到哪裡也都將一帆風順。

　　美國的拉爾夫‧福特也說過：「成功，是內心的造就。」

早在1950年代，美國華盛頓大學曾進行一項拔蛀牙的實驗，研究員將受測者分為兩組，一組施打嗎啡；另一組則施打不具任何麻醉效果的安慰劑（但卻跟受測者說這是麻醉藥）。結果顯示，施打安慰劑的人約有七成相信麻醉發揮藥效，能有效止痛。再進一步研究得知，受測者腦內會自行合成出170倍的麻醉效果，將受測者堅信的意念轉為成真，這就是著名的「安慰劑效應」（Placebo effect）。透過大腦確切描繪未來的意象，可連帶影響自律神經的活動，因而在現實生活中完成。由此可知，人類心理對生理的影響超乎我們的想像，除了能影響我們的思維，甚至未來的成功也可透過心理因素實現。

剛從哈佛畢業，可謂意氣風發的林書豪，在NBA選秀會的大門沒有為他開啟的時候，以虔誠的信仰帶領自己，這樣的意念，影響了他的思維。不僅是背號，林書豪的信仰，同時也掛在他的手上，形影不離，手腕上的橘色手環，寫著「In Jesus Name I Play」的字樣，「以耶穌之名打球」這樣的一句話表達的，不僅是林書豪的宗教信仰，同時也傳達出他信念當中的堅決。他曾說過，自己的成功來自於上帝的奇蹟，過去的經歷也都是上帝的安排，沉寂與風光，在他的信仰之下，都化為上帝對他的仁慈，所以，他心懷感激，而這樣的正面能量，就是推動他的「安慰劑效應」。

林書豪經歷過下放發展聯盟（二軍），兩度被NBA原球隊放棄而交易出去的境遇，但他不怨天尤人反而正面看待。在要被下放至發展聯盟的時候，林書豪對媒體說，這是對新人的磨

練，他會努力學習，培養自己的能力；在被金州勇士隊交易至休士頓火箭隊的時候，他也感激勇士隊，認為那是一個很好的環境，轉到火箭隊的他，以積極的心態踏出全新的下一步。

從林書豪對媒體的發言中，都可以看到他積極、常懷感恩的特質。不埋怨境遇、不排斥遭遇，難道不是這樣的心態，讓他遇到能共同奮鬥的球隊嗎？每個人都會有面臨困頓的時刻，當你困在負面心態的泥沼中時，想想一年當中就換了三家球隊，四度來回於NBA與發展聯盟的林書豪，在這樣曾多次徘徊於低谷，卻永遠感謝一切的人面前，我們又有什麼好埋怨的呢？

🏀 相信自己，才能把握命運

美國肯塔基州有個男人，在他六十多歲退休之前是從事雞肉料理的生意，當時的業績非常得好。然而，因為一條規劃中的州際公路，預計穿越他的店面，屆時勢必嚴重影響生意，他只好賣掉攤位、熄燈歇業，靠著政府提供的每月105美元福利津貼過活。

從一個成功商人淪落為靠津貼過活的老人，這個男人並沒有怨天尤人，反而用盡所有積蓄，到全國各地旅遊，並順道用自己的雞肉料理與自製香料，與當地的餐廳老闆做夫推廣。十幾年後，經銷他雞肉料理的餐廳已經超過了六百家，它就是現今速食業界無人不曉的領導品牌——肯德基（KFC）。

相信自己，是每個成功人士背後的力量，如果你現在不具備，不要緊，從現在開始找出這股正面力量也不遲。就像林書

豪,在質疑自己能力,一度想要放棄的時候,看到了《聖經》上的那段話,他重新相信自己,相信苦難是上帝給自己的機會,而且,他開始用正面的態度面對下放的境遇,堅信這些都是朝向成功的過程,是這種信念,讓他走回籃球的世界。

俄國作家高爾基(Maxim Gorky)曾說:「天才在於自信,在於自己的力量。」史丹佛大學教授卡蘿‧德威克(Carol S. Dweck)也指出:「如果我們相信自己可以改變,就一定做得到。」沒錯,自信是人們攀向成功的天梯,為我們灌溉永不鬆手的勇氣,面對任何情境,只要堅守著「相信」,許多困厄都能雨過天青。

其實,每個人都是天才,當你這樣認定你自己的時候,你就會懷有天才的信心,去做天才的事情,並且在這種信心的驅動下,不斷以天才的態度學習和成長。如果你缺乏自信,可以運用以下幾種方法,來強化自信心:

1. 不斷鼓舞自己:

如果你每天對自己說「我嘛,本來就不行」、「我根本就贏不過別人」、「我真是一個廢物」……你會有什麼樣的表現呢?自然是思想消極、行動懦弱。因此,你要像成功者每天都對自己說的那樣,告訴自己「我絕對可以」、「我表現得真棒」、「這次做得真完美」之類的激勵語言,當你自我感覺良好,自信就會來到你身邊,提升你的鬥志,你自然就可以戰無不勝。

當然,這種信心喊話並不適用於所有人。2009年6月《經濟

學人》（Economist）雜誌中一篇〈文字的智慧〉（Words of Wisdom）即指出，最新的心理研究證實，這些「強迫性」的正向思考，對於自信極端低落的群體而言反而有害，因為他們並不認可自己的價值，會認為自己與正向敘述背道而馳，反倒加強了對自己的厭棄。如果你發現這種鼓舞讓自己更加低落，你可以試著歸納出讓自己獲得成就感，或可以得到他人讚譽的可能，透過具體的事證來增添自己的信心燃油。

2. 將失敗歸咎於客觀原因，成功歸功於主觀原因：

在失敗面前，悲觀主義者往往傾向於自責，他們會把所有過錯都往自己身上攬；而樂觀主義者則會尋找環境因素，找出天氣、客戶、EQ和運勢等客觀問題。當獲得成功時，樂觀主義者會認為這是自己努力換取的回報，而悲觀主義者則認為是出於僥倖。學習樂觀主義者的主客觀歸因方式，就能避免不斷打壓自信，找到自我肯定的基石。

客觀原因的檢討，能成為繼續向上的力量。在一場輸給邁阿密熱火隊的比賽，林書豪沒有替自己找藉口，他檢討失誤，並將輸球的經驗視為學習，坦然接受自己的表現，也大方地讚賞熱火隊的防守。人生不可能場場皆贏，林書豪深知這個道理，而且他懂得將失敗轉化為進步的力量，期許自己下一次再戰熱火時，能有不同的表現，這是林書豪的思維，同時也是驅使一個樂觀主義者不斷進步的思維。

3. 避免使用消極、否定的辭彙：

要想保持自信，就要養成使用積極辭彙的習慣，拒絕自我

抱怨和否定，將你的話語中所有的否定句和疑問句都改成肯定句，這將會在潛移默化中改變你的消極心理，一點一滴地建立起你積極思考的習慣。

每個人都有其獨特的價值，有的人拙於言辭，但擅長策略性思考；有的人擁有人際魅力，但不擅長規劃；有的人則反應不快，但很有耐心和想法。每個人都要擺對自己的位置，如果讓拙於言辭的人從事業務，成功的機率想必不大；如果讓不具創意的人擔任企劃，恐怕也做不出亮眼的成績。因此，避開自己的缺點，找到自己的優勢，並使之發揚光大，就是選擇讓自己成為天才——哪怕只是一塊小領域內的天才也無妨！

許多人會從林書豪身上看到才能與潛力，但這些其實並非讓他如此吸引人的原因，他曾經質疑自己，認為自己是「完全的失敗者」，那個時候，連他都看不見自己的潛能，高中與大學時代的比賽成績也絲毫無法鼓舞他，所以，才能並不能決定一個人的高度，積極的信念才能讓我們邁向成功。就算是風靡全球的現在，林書豪也在適應自己的定位，身為控球後衛的他，漸漸發揮自己的潛能，尼克隊的總教練丹東尼就誇讚他的領導能力——林書豪的位置不是在前線攻擊的前鋒，而是在球隊後方支持隊伍的後衛，他的觀察力與反應在這個位置得到發揮，所以，他才能成為許多明星球員口中「有才能」的林書豪，如果讓不具身體優勢的林書豪擔任需要拚撞的中鋒，或許他到現在還是被埋沒的「林沒風」呢。

曾憑《海角七號》打破全台國片票房紀錄的導演魏德聖，

幼時就是家庭中最不出色的孩子，不僅不如二弟善於組裝修繕，為家裡的鐘錶眼鏡事業有所貢獻，就連在校成績也是慘不忍睹；他唯一的喜好，就是不斷編故事、想故事。直到服完兵役後，他才知道這樣的天賦，正是成為一個優秀電影人的基本要件！於是他開始發想劇本，四處籌錢拍攝短片，終於讓登上大螢幕的《海角七號》寫下國片奇蹟，並持續打造《賽德克・巴萊》與《倒風內海三部曲》，一部一部釋放自己的天賦之才。

🏀 不斷自我確認與自我暗示

在運動比賽中，不時會看到運動員舉起拳頭用力揮一下，口中發出一聲叫喊，這正是在激發鬥志：「我可以打敗對方！」自我暗示能夠激發潛意識的力量，在無形中增強信心。

一個對自己抱有懷疑的運動員，無法吸引他人的目光。林書豪的表現，也來自於一個自我確認的信念──上帝的指引。其中最讓人印象深刻的，當屬與隊友費爾茲（Landry Fields）的「基督徒書呆子打氣法」。比著戴上眼鏡翻閱聖經的動作，最後兩人以食指指天，表示所有的榮耀歸於上帝，這樣一串簡單的動作，正是林書豪的一種自我暗示，虔誠的信仰轉為堅定的態度，讓他以穩定的得分與助攻拿下許多場比賽的勝利，言談中流露出的虔誠引信也好，上場前的打氣儀式也罷，這些都是林書豪自我確認的方式，也是他吸引成功的祕訣。

「當你的腦中出現某個思想，就會吸引其他相近的思想。你是否曾經因為想到了某件不愉快的事情之後，情緒就越變越

消沉？那是因為，當你開啟一種想法，吸引力法則會立刻帶來更多同類的思想。於是不出幾分鐘，你就會吸引許多負面情緒，讓整個狀況變得越來越糟糕。」這種效應被稱為「吸引力法則」，其實這也是「潛意識」在作祟，雖然你的大腦清楚明白，但卻無法改變。所以我們要將正面的思想留在心頭，將負面思想快速倒出，正面能量將自動向你靠近。

「你生命中所發生的一切，都是由你吸引而來」、「你自己本身就是一塊磁鐵，足以吸附任何期望得到的東西」、「你目前的生活就是你過去思想的映現」……這些吸引力法則的核心概念，其實早就被勵志大師華勒思‧華特斯（Wallace D. Wattles）和拿破崙‧希爾所廣泛應用。古往今來擁抱成功碩果的各界翹楚，無一不知吸引力法則的力量。但更重要的是，他們親自運用意念，驗證了吸引力法則的力量！

對於一個追求成功與卓越的人來說，要讓自己貼近夢想，就必須為潛意識輸送更多有利於成功的相關資訊，使積極的心態、正面的思維佔據主導地位，甚至成為支配我們行為的直覺。同時，對於可能導致失敗的消極心態和負面思維，應該加以嚴格地控制，以防止其蔓延發展。

潛意識需要不斷地進行自我確認和自我暗示，經由你反覆地練習、反覆地輸入，所有的思想和行為都會配合這種想法，朝著你的目標前進。

也有很多人試了這個方法卻不見成效，問題出在哪裡呢？那是因為他們一方面在嘴裡大喊：「我一定能辦到！」但是內

心深處卻又在懷疑：「這是痴人說夢。」如果連你自己都在懷疑，自然沒有效果。你暗示自我的信念，一定要徹頭徹尾地相信，這樣，潛意識的力量才能發揮出來，結果你就真的可以達成。有些人則是只看到了重複、默念自己想法的重要性，卻沒有看到「行動」的重要性。重複、默念，只是讓你保持良好的心態，接下來的行動才是至關重要。

🏀 意念和行動要一致

從信念到成功之間的距離，或可曰長、亦可曰短，重點在於在這兩者之外，還要強調一個實現目標的關鍵步驟──行動。「心想事成」固然不錯，但更重要的是把你的夢想付諸實踐，這樣才能證明你的目標是否可行，你的能力是否足夠。

即使夢想本身可行度高，又有各方面環境條件的配合，但缺乏實際的行動，例如：決定存錢，卻花錢如流水，老是當月光族；想早起朗讀英語，但每天仍然睡到太陽曬屁股；想戒菸戒酒，卻仍然菸酒不離身……，那麼夢想依舊只會是夢想。

懷抱著籃球夢，林書豪逐步將夢想化為現實，但我們可以思考的是，嚮往NBA籃壇的人那麼多，為何只有少數人能化為現實？如果你也會有這樣的疑問，不妨從林書豪身上找尋答案，林書豪自小就熱愛籃球，他從電視上學習籃球明星的身手，並以模仿與實戰調整自己的技術，雖然課業成績名列前茅，但他卻堅持尋找能提供他體育獎學金的大學，這些行為背後有強烈的信念支持，但若少了實際的行為，也無法讓他達到現在的成

功。

　　明明懷抱著夢想的人，為什麼會沒有行動呢？

　　我們經常見到許多人，在行動之前總是提心吊膽、猶豫不決，包括我們自己。如果出現這種情況，首先就要捫心自問：「我害怕什麼？為什麼我會這樣優柔寡斷，白白讓機會從身邊溜走？」

　　優柔寡斷，可能是害怕挑戰，害怕失敗，害怕自己能力不夠，害怕接踵而來的諸多問題。但如果你不去行動，就只能原地踏步，遲遲不會有任何收穫。行動是為了增加想像的勇氣，當你的夢做得越放肆，爾後跨出的步伐也就會越開闊。

　　1960年代，石油產業如日中天，58歲的阿曼德‧哈默（Armand Hammer）收購了西方石油公司，準備大賺一筆。但是，當時的油源問題非常嚴重，幾家大石油公司已經壟斷了美國大部分的石油量產基地；沙烏地阿拉伯則是埃克森石油公司的天下，哈默根本無法染指。

　　該如何解決油源問題呢？哈默接受了一位青年地質學家的專業建議，租下了舊金山東部的一片土地，並從各方面籌集了大量的金錢，投入探勘作業。當哈默的資金接近用罄時，終於在860英尺下鑽出了加州的第二大天然氣田，當時價值超過兩億美元。

　　哈默成功的事蹟證實，若想在事業上取得成功，就要敢想、敢做、敢嘗試。與其不嘗試就失敗，不如嘗試了再失敗，絕不懦弱地不戰而敗。穆迪克‧霍爾（Murdick Hawl）說：「先

行動起來，在行動中糾正與調整，才是剷除心理障礙的最佳辦法。行動的障礙，歸根究柢還是心理障礙。」

行動，是林書豪成功的另一個祕訣，加入勇士隊之後，他首先與教練學習「擋切戰術」，這並不是偉大的一步，但卻是他提升球技的實際作為，很多球員都知道擋切戰術，但並不是每個球員都能像林書豪般，將擋切戰術發揮得這麼徹底。行動，若是帶著信念，就能化為讓人驚嘆的企圖心，林書豪帶領尼克取得連勝的幾場比賽中，都展現出令人敬佩的果敢，不管是面對「小飛俠」布萊恩（Kobe Bryant）時敢於挑戰的勇氣，還是在對戰暴龍時以三分球決勝負，這些都是因林書豪不畏強人與情勢的膽量才取得的成就，如果當時因為猶豫而佇足，就無法產出令人屏息的精彩。

卡薩爾斯（Pablo Casals）是世界著名的大提琴家，當他取得舉世公認的頂級音樂家頭銜之後，他依然每天堅持練琴六個小時。有人問他為什麼還要那麼勤奮練琴，他的回答很簡單：「我覺得我仍需要進步。」成功沒有終點，就像旅程中走過一個站牌還有下一站，必須一站站向前進步，一步步在行動中發展自己，在行動中找尋更高遠的目標，人生才會永保富足。

台積電執行長蔡力行對吸引力法則的體會是：「我相信心想事成，你要有願望，然後不斷經歷Trial and Error（嘗試與錯誤），就會得到果實。」任何希望、任何夢想、任何計畫，最終都要落實到行動之上。只有行動，才能縮短你與目標之間的距離，進而把它變成現實。拿破崙‧希爾說：「凡是內心想像

得到的，都是可以達到的。」現在，就把你的目標寫下，從意念的蓄積為起始，調整意念、檢視意念、控制意念，進而調整、檢視與控制吸附而來的助力，搭配有效的實踐行動，透過對吸引力法則的完善運用，成為下一位見證思想力量的成功者！

🏀 達到目標的信念三步驟

究竟要如何運用心中的信念來達到目標、體現成功呢？以下列舉三個簡單的步驟：

1. 對自己「下產品訂單」：

就如同購買生活必需品一樣，你只要在心中下達指令，將你所希望達成的目標，確切地想像出來，並且要心無雜念，不能心猿意馬，意志不堅。就好比你想要一棟房子，就要在心中確切描繪其外觀、內部裝潢、所在位置，對自己的大腦「下訂單」，使其接收這項堅定的訊息。

林書豪的訂單，就是投入籃壇的決定，將這樣的決定謹記於心，就成為強烈的信念，小時候在電視上觀察「空中飛人」喬丹的身手，進入NBA之後逐步補強自己的不足處，夢想之所以能逐步實現，就是因為他有份明確的訂單。

2. 堅信「產品」已經到手：

換句話說，也就是「告訴自己已經擁有它」。因為個人的行為、思想和語言皆會影響心中的意念，它就如同鏡子般，你做出什麼動作，鏡子裡的你也會跟著做，彼此會持續地相互影響。顧里（C. Cooley）主張「鏡像自我」（looking-glass self）

理論，認為個人從與他人的互動中發展出自我概念。換言之，個人的心理思維也將影響周遭現實生活的呈現。因此，堅定自己的目標與意志，相信自己所訂的「產品」已經到手，目標將會離你越來越近。

曾經聽人說過，想要進入名校，就是每天描繪自己在校園中的生活，越是將腦中的想法具體化，就越能提升成功的機率。在林書豪的高中與大學時期，他都加入籃球隊，並以實際的比賽數據讓自己成為球隊的中心人物，以高中時期的籃球成績去申請大學，大學畢業後也積極向人表現，終於替他拿到第一份NBA球隊合約，加入職業籃壇之後的經歷雖然並不輕鬆，甚至一度壓垮林書豪，但是如果沒有起點，就不可能獲得現在的成功。

3. 接收「產品」的喜悅：

每個人只要達到自己的目標、完成夢想，一定都會雀躍不已。也就是說，當你心中有了某種目標，並確信自己已經擁有時，你只要將喜悅的情緒在心中蔓延開來，讓這個意念化為快樂的感覺，並去體會、感受它，讓大腦認為你真的在享受這件事所帶給你的愉悅情緒。你將會發現，成功其實正被你吸引著，並一步步自動地接近你。

有了深厚的球技為底，還必須加入享受喜悅的酵母，成功才會發酵膨脹。進入金州勇士隊，林書豪只在一些無關勝負的時間上場打球，身為一個球員的紀錄更是慘澹，所以，他被下放至發展聯盟（二軍），沒有取得表現，甚至被放逐，這一切

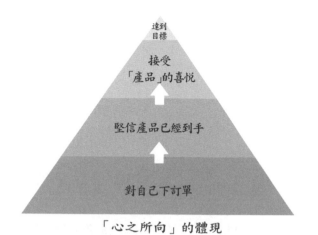

「心之所向」的體現

都讓林書豪質疑自己，他，失去了享受的樂趣，甚至在日記上寫著自己後悔與勇士隊簽約，直到他看到《聖經》上的字句。他試著沉澱自己的心情，思考自己為何會失去打籃球的熱忱，最後他找出了原因，是求表現的壓力讓他變成一個只為他人打球的球員，這樣的思考凌駕樂趣，所以，他才失去享受的能力，發現原因之後的林書豪，以信仰的力量轉變自己的思維，在每一個瞬間感受上帝，這樣的念頭讓他浸濡在喜悅當中，只要你仔細看他射籃進網的表情，就能感受到他在籃球中得到的喜悅與滿足。

金馬獎影后周迅，又何嘗不是運用「心之所向」的規則，使自己的演藝事業如日中天呢？

周迅十八歲時，就讀於浙江藝術學校，在這個無憂無慮的年紀，她也和其他同學一樣成天唱歌、練舞，偶有幾部電視劇的小角色接拍，就會興奮不已，絲毫沒有想過自己未來會成為什麼樣的人。

然而，有一天，老師突然問她：「妳未來的規劃是什麼呢？」周迅當下腦筋一片空白，因為她從未想過這個問題，面對老師正經嚴肅的神色，周迅更是難以回答。

　　接著，老師繼續問：「妳滿意現在的生活嗎？」她默默地搖頭，還是不吭一聲。這時，她的老師才展現笑顏：「妳的答案證明妳還有進步的空間，妳想像一下，十年後的妳會變成什麼樣子呢？」

　　雖然這句話看似輕描淡寫，卻給周迅一股巨大且無形的壓力，她開始在心中描繪著自己十年後的樣子。這段沉默持續了一陣子，她突然眼睛一亮，神采奕奕並堅定地說：「十年後的我將是最棒的演員，並能發行一張自己的個人專輯。」

　　老師問她：「妳確定這個目標了嗎？」

　　她自信地點點頭，並大聲說：「是的！」

　　畢業之後，她開始積極接拍各種電視劇，她始終記得十年後的自己將要成為一位頂尖的演員，並發行一張個人專輯，並朝這個目標邁進。後來對於角色選擇，她不再是照單全收，而是開始審慎選擇。在她演出《大明宮詞》後，漸漸拓展知名度，人們對她的演技大加讚賞，而周迅也慢慢品嚐到成功的果實。

　　2003年，周迅發行了第一張她的個人專輯——《夏天》，而這一年正好是她與老師聊完後的十週年；其後並陸續發行專輯《偶遇》、《伴侶》、《看看》與《窗外》等多張單曲。2009年，她又憑《李米的猜想》榮獲中國最高電影殊榮「金雞獎」的影后寶座。對照現今的成就，周迅確實完成自己的目標

與理想，並感謝老師及時提點她，而她自始至終也從未懷疑過當初所訂下的理想（下訂單），在堅定的意念下，腦海中浮現自己成為鎂光燈的焦點，風光地走在星光大道上，影迷們紛紛尖叫歡呼的景象（堅信「產品」已經到手）；儘管當時她還只是個默默無名的小配角，但她喜悅的心情卻不時浮現在臉上，彷彿自己已經達到目標（接收「產品」的喜悅）。憑藉著她「心之所向」的堅定信念，逐步完成十年後的自己，最後風光摘下后冠，朝著下一個十年更高的目標邁進。

在你心中確切描繪的具體景象，要相信願景的真實性，堅信自己已經得到，人生在不知不覺中，就會發生變化。林書豪從心出發，一步步實現自己的夢想，從信念出發，以行動實現，成功對他而言並不是偶然蹦出的產物，而是實踐心中藍圖的過程。

成功的祕訣，在永不改變既定的目標。在你心中確切描繪的具體景象，要相信願景的真實性，堅信自己已經得到，人生在不知不覺中，就會發生變化。

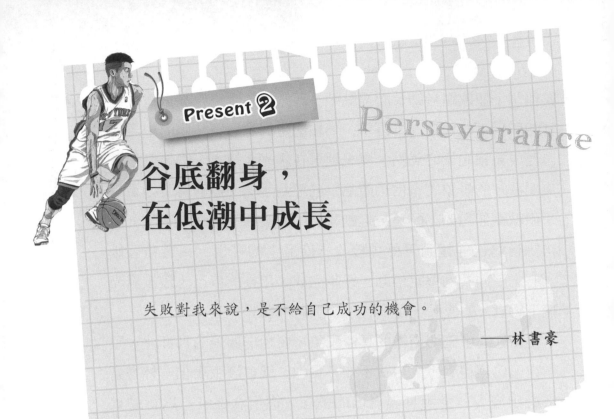

谷底翻身，
在低潮中成長

失敗對我來說，是不給自己成功的機會。

——林書豪

「失敗對我來說，是不給自己成功的機會。」這是林書豪對失敗的定義，對很多人而言，失敗取決於結果，所以，我們常常會因為結果而否定自己，但是，林書豪卻非如此，在他身上，我們看見了與世俗不同的觀點，對他來說，真正的失敗來自於心靈上的認輸，如果你還走在堅持的道路上，那麼，就沒有失敗。

美國著名的成功學家溫特・菲力說：「失敗，是走向更高地位的開始。」許多人之所以能獲得最後的勝利，原因就在於他們「屢敗屢戰」的心態。沒有遇過大失敗的人，有時反而不知道何謂大勝利。

在一場輸給邁阿密熱火的比賽後，林書豪展現了他積極檢

討的態度，他表示會反省自己對傳球的判斷與流暢度，並思考改善的方法。輸球之後的林書豪不找藉口替自己緩頰，而是正視自己的控球失誤，並意圖改善，這樣的態度，也讓觀眾正視這位球員，不因這一場的失敗而評斷他的價值，如果想知道結果，可以先告訴你，接在這之後的下一場，他以近乎零失誤的紀錄幫助尼克扳回一城。

失敗真的很可怕嗎？為何有人從此一蹶不振，有人卻能夠東山再起，甚至比以前更加突出？有道是「不經一番寒徹骨，焉得梅花撲鼻香」，當如是矣！

堀之內九一郎在《V型人生的失敗成功學》中提到的「V型人生」，是象徵著一種跌到谷底後翻身的圖像，更代表著成功後舉著V型手勢的喜悅。堀之內九一郎是日本生活創庫株式會社社長。含著金湯匙出生的他，自小生活優渥，在其父親死後繼承家業，遊戲人間的他沒多久竟敗光大筆家產，淪落為無家可歸的流浪漢，從此跌進了人生的地獄。後來他因為流浪漢同伴的一句諷刺，痛定思痛，決心從挫折中站起，扭轉了自己的命運，成為開創數個事業，縱橫商場、公司年銷售額高達102億日圓的董事長。一般來說，失敗和逆境可以激勵人心、攜來果敢，助你戰勝生活中的頹靡和恐慌。一個人若遭逢失敗之後，仍無法挖掘自己潛在的力量，重新奮戰，那麼，等待他的終究還是失敗。

群益證券董事長陳田文曾說：「只有自己才能打敗自己。」只有在失敗後發現自己真正能量的人，才能獲得最後的

成功。

　　林書豪的連勝紀錄，在對上紐奧良黃蜂隊時中斷，這個時候的他，正是意氣風發之時，許多人都等著看他嚐到敗績後，會如何面對。令人驚訝的是，林書豪並未因懊惱而退縮，相反地，他表示輸球會讓他冷靜一些，下一場的比賽，他會表現得更好。類似的話，我們都曾在許多的偉人傳記中看過，但你可能從未想過，這樣的話會出自一個才23歲、且正在NBA籃壇發光的年輕人口中。

　　許多擁有成就的人，都是在失敗與成功的無限迴圈之間徘徊打轉，並藉著每次從失敗漩渦中掙脫的魄力，更加奮力地敲響成功之鐘，將每一次的失敗，都視為一個開端，替未來撒下成功的種子。讓他們比之前更加卓越的關鍵在於──面對失敗時所採取的正面心態。歷史足證，留名汗青的偉人幾乎都曾歷經敗部復活：國父孫中山是在十次革命後才推翻中國根深蒂固的數千年帝制；司馬遷因直諫入獄，在折磨和侮辱的苦楚中隱忍苟活，最終完成兼具文史不朽價值的史學鉅著《史記》；樂聖貝多芬流芳百世的作品，如交響曲《英雄》、《命運》、《田園》、《合唱》等，都是在他失聰之後譜寫完成；美國第16任總統林肯，從29歲起開始競選議員和總統，前後嘗試過11次，失敗過9次。但他從未放棄自己對理想的追求，在躍上元首之位時發表「解放黑奴宣言」，重拾自由的精義，吟詠民主的謳歌，成為美國人民心目中最敬仰的領袖。成功者固然令人起敬，而微笑面對失敗的人卻比任何人都可歌可頌。

　　隨著林書豪不斷刷新自己的紀錄，外界對他的關注也持續上升，當他勝利時，讚美稱譽之言當然擠滿報紙版面，但輸球之後，現實的殘酷依然是林書豪必須面對的課題，在以14分之差敗給熱火之後，美國媒體直接下了一個「回到地球」的標題，如果仔細分析這句話，會發現當中存在著對林書豪的反諷。他的立基本來就是地面，連勝的戰績讓他超越地球的界線，輸球之後呢？其實只是重回地球，回到原來的林書豪而已。林書豪雖開創了一股銳不可擋的風潮，但榮耀與批判依然共存，在這樣的大環境之下，林書豪面對失敗的態度更顯得彌足珍貴，他接受輸球的事實，專注於檢討自己在進攻與防守所犯的錯誤，這樣的坦然讓人欣賞，接著的下一場比賽再度以近乎零失誤的表現讓人刮目相看，他不是會沉溺於成功的驕傲王者，而是能不斷蛻變，讓眾人驚豔的革命家。

　　宏碁（Acer）集團董事長施振榮曾說：「一個企業不可能失敗五次之後，還不成功！」他在與同仁分享經營事業的心得時，則會這樣勉勵旗下員工：「失敗是常態，是一個人生必經的過程！」

　　每一次的失敗，都是重新開始的機會，而每一段失敗的過程，都是搭築成功金字塔的磚瓦。所以，失敗是為了下一次成功而存在，經歷一次失敗，我們就向成功更邁進一步。因此，雖然尼克從3月開始陷入連敗的泥沼，但球迷依然期待著下一場的逆轉奇蹟。

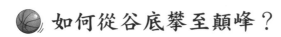 如何從谷底攀至顛峰？

　　想要轉敗為勝必須有三項前提心態：首先要有承認失敗的勇氣，並從挫折中站起；二要善於總結教訓、向敵人致敬；三要不屈不撓地堅持下去。缺少其中一項，不僅不會反敗為成功，可能還會輸得萬劫不復。

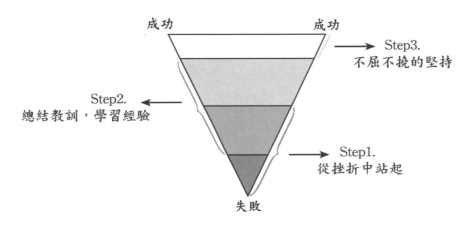

由挫折中站起

　　失敗使懦夫沉淪，使勇者奮起。學腳踏車不跌得鼻青臉腫，永遠無法從顛簸踏入平衡；不喝進幾口髒水，永遠難以在波濤間漂泳自如。失敗是人生的轉振點，有了失敗，成功就不會遙不可及，前提是你要從失敗中站起來。蟄伏的意義，因人而異。有的人會因為沉寂而失去自我，也有的人能努力讓自己重新被重視，決定最後結果的關鍵，就是能在挫折中站起來的勇氣。在求學過程中，林書豪所要克服的第一個難關，是眾人的歧視目光，因為他的亞裔外貌，而被許多人認為不可能會是

厲害的籃球選手，在那段時期，他也曾經憤怒，幫助他成功將憤怒轉變為動力的，是非裔的教練布雷德尼。

當他如願進入NBA之後，立刻面臨了他二十幾年來最嚴苛的考驗，即不被球團重視，屢次因預算考量而被丟出的境遇，面對這樣的困頓高牆，林書豪並非一下子就跨越，在被勇士隊下放至發展聯盟的當夜，他哭了很久，儘管想以正面心態面對，依然有無法控制的情緒，恐懼與自責的想法不斷浮現，這是他在達到高峰前的低谷，深得幾乎看不見底，在這個時刻，是堅定的信仰讓他重新站起，在《聖經》中找到勇氣的他，以全新的態度看待境遇，這是蟄伏的期間，也是對他的磨練，林書豪用態度改寫了這段時期的意義。

另一個將挫折當作磨練機會的例子，是亞洲小天后蔡依林。她從名不見經傳的學生歌手出身，變為當前身價上千萬、廣告代言應接不暇的熠熠紅星，從同手同腳的僵硬身段，變成能夠完美演出劈腿、鞭轉、朝天蹬等高難度動作的舞界傳奇，正是因為她不斷在倒下後爬起的毅力使然。

1999年蔡依林以清新的「少男殺手」形象，在歌唱比賽的爭逐中脫穎而出，歌藝本身並不遜色的她，卻因為自認特色不夠出眾，不容易在新秀如雲的演藝圈中站穩腳跟，堅持要用自己不擅長的舞蹈來創造「不一樣」。當時的她，缺少韻律感、僵硬而無感情的肢體動作，是舞蹈老師心目中完全不看好的人物，但她忘了舞步就重新練習，缺乏感覺就努力揣摩；面對外界對其外表的流言蜚語，她也不服輸地認真瘦身，用努力而成

的美麗勇敢迎戰；即使到了2002年因合約糾紛，差點失去了表演舞臺，她依舊不放棄任何的表演邀約，掌握所有的曝光機會。不斷從挫折中奮起，終於讓這個原先嫻靜少言的乖巧女孩，爆發出難以遏止的巨星能量。

林書豪曾經說過：「在學習成功前，必須先學會失敗。」承認失敗的勇氣，是承認這次因為各種因素的窒礙無法達成目標，而不是承認自己永遠無能。成功，只不過是爬起來比倒下去多一次，所以不要畏懼失敗，只要能夠奮勇站起，這次的倒下，就只是一場暫時的休息，而不會是喪氣的結局。

另外能與林書豪相互輝映的西諺還有一句：「年輕的本錢，就是有時間去失敗第二次。」越年少的人擁有越豐厚的闖蕩資本，失敗還可以從頭再來，就像林書豪一樣，就算是已經站在放棄的懸崖邊，只要你重拾堅定的信念，依然有回頭的機會，進而爬上頂峰；即使年紀已長，你還是有時間走上成功之道，只要擺脫對失敗的恐懼，就能改變自己的命運。

總結教訓，向敵人致敬

試想，你每一次失敗的原因是什麼？失敗的原因包括客觀因素（非人為因素）和主觀因素（人為因素），這兩項必須平衡均列，過分歸咎於客觀因素，會讓人產生怠惰不前、甚至怨天尤人的情緒；反之，則會讓人自怨自艾，信心崩解。我們應該分別找尋個人內在與外部環境的缺點與錯誤（SWOT分析是也），並且設法改正，只有明白失敗的源頭，才不會在同樣的

地方跌倒，才知道自己真正欠缺的是什麼。

人不可能永遠站在頂峰，林書豪成為尼克隊的先發球員後，也歷經幾次的失敗，在這些輸球的賽後訪談當中，可以看到林書豪自省的性格，擔任先發後的第一敗，是對上黃蜂的那一場比賽，林書豪失誤9次，雖然得分高達26分，但他依然檢討自己的不足之處，認為沒有做到控球後衛的責任，他應該要掌握比賽節奏，讓進攻火力能連成一線。他專注於自己的角色，不讓自己受外界評價的影響，積極與教練討論自己犯的錯誤，而觀眾也立即在下一場對達拉斯小牛隊的比賽中看到他的進步，轉失敗為成功。

任何的錯誤和失敗都有原因，而這些原因恰好是失敗的真正價值所在。失敗並不意味著自己比別人差，它只表明自己還有些許不足，或是欠缺天時地利與人和的機遇；失敗並不意味著自己一無是處，它只表明自己也許試錯了方法，只要重新開始嘗試，便極有可能發現契機。要取得真正的成功，就必須從挫敗中汲取養分，認真分析致敗原因，那麼你將發現，失敗無疑是一座經驗的寶庫，是躍上更高榮耀的跳板。

林書豪就是個深諳「從錯誤中成長」之理的人，他在哈佛大學時的室友說，如果今天比賽輸球是因罰球不進，當晚回到宿舍他就會立刻去球場練習投球，投到不能投為止；他雖然會沮喪，但不會沮喪很久，而是花時間去找出輸球的原因，然後設法去克服。他知道自己缺點在哪裡，會努力把自己的缺點變成優點，例如他知道自己的三分球不穩，於是他找上有三十多

年教球經驗的薛普勒教練，在其指導下苦練三分球，從而改善射籃技巧。即使是在他現在成名了，他依然不忘自省，在一次比賽結束後，他面對記者的訪問時還是先檢討自己：「這是我得下功夫的地方。我的失誤率超高。我得看錄影畫面然後再練習。我（在過去兩週）學了很多。」

　　林書豪率領尼克取得的前十勝中，以超過10分的差距敗給熱火的比賽讓人印象深刻。與中斷連勝紀錄的第一場相比，14分的差距成為推動林書豪更努力的力量，他在賽後曾說：「這是一次難得的學習經驗，也是一次難熬的經驗。」簡單的一句話，不僅顯示出他對比賽的企圖心，也傳達出他在面對失敗時的積極心態。他因而重新反省自身的不足，對林書豪而言，這是成長的契機，而非失敗。在黃蜂一役的小失敗，讓林書豪在下一場取得勝利；而熱火所致使的大失敗，讓他在下一場賽事大大降低失誤率，並寫下了高達13次的助攻紀錄，這就是大失敗帶來的反彈力。

　　另外一個經驗，是在林書豪剛進入尼克隊的時候發生，那時候的他，被放入板凳區，雖然跟著球隊進出練習場，卻被球場的守衛誤認為球隊的工作人員，他從未想過自己在他人眼裡竟是這樣的存在，震驚之餘，他開始以全新的態度面對練球的時刻，被安排在後段班練習團體的他，善用時間觀察其他的球員，當隊友表現好的時候，他也與其擊掌，互相鼓勵，在我們看見尼克板凳球員的能耐之前，林書豪已經帶起了尼克後段班全體的士氣。

　　除了承認失敗與檢討的勇氣，還可以從林書豪身上看到一個難能可貴的特質——向敵人致敬。在自己失敗的同時，他欣賞並稱讚對方的表現。一般人在失敗後，往往會沉浸在懊惱的思維中而看不見其他，但林書豪在賽後卻能讚賞熱火的嚴防，坦然地說熱火的防線讓他很不舒服，認為熱火做得好極了！

　　子曰：「三人行，必有我師焉。擇其善者而從之，其不善者而改之。」敵人宛如一面銅鏡，端詳對方便能映照自己，正因為自己與敵人之間的相似，使得你們之間的些微差距成為奪勝要鍵，激烈的爭逐可能只有如費爾普斯在北京奧運蝶泳奪冠的百分之一差距而已。

　　敵人的存在，其實是我們成功的催化劑。從古到今，有許多例子可以證明這句話。日本的德川家康，雖然一開始就敗於武田信玄的手下，勢力也不如織田信長，但他不斷師法對手的長處，學習織田信長的帶兵方式、戰術、政治手段，最終成為最後的贏家，這就是所謂的「創造性模仿」（creative imitation），經由模仿學習的過程壯大自己的實力，最後造就長達200多年的德川幕府，德川家康的霸業，就是憑藉對手的存在而成就。

　　若以國家為例，在歷史中成功建立霸權的美國，就是一個很典型的例子。在美國國防部裡，掛著這樣的一句話：「沒有一個偉大的敵人便不會有偉大的國家。」美國立國的時間才兩百多年，但卻能在國際政治中屹立不搖，其成功的原因，也是因為有對手激發，立國的獨立戰爭，是與英國抗爭；獨立之後

即進入南北戰爭（Civil War）；接下來歷經兩次世界大戰，確立在國際當中的領導地位；二戰後與蘇聯進入小戰不斷的冷戰時期。從這些例子當中，都可以看出美國成功地運用敵我牽制的策略，讓自己在憂患意識中增強國家實力，這正是孫子兵法中「取用於國，因糧於敵，故軍食可足也」的實踐。敵人的存在不會使我們弱小，相反地，只要能學習對手的長處，自然能壯大自己的實力，成為最後的贏家，這就是向敵人致敬的成功哲學。

在林書豪的言談舉止之間，我們也能看到他向敵人致敬的態度，談到熱火，大方讚賞對方防線的時候如是，面對波士頓塞爾提克時亦如是。

首度與「綠衫軍」塞爾提克交手，林書豪還坐在尼克隊的冷板凳區，上場的時間短到沒有人注意；第二次交鋒，卻引起無數的關注，這不完全是豪小子旋風所帶來的效應，還得加上「大三元製造機」朗度（Rajon Rondo）與其交互輝映的影響。要想觀察一個人的程度如何，最好的判準就是他的敵人！「朗度 vs. 林書豪」引起觀眾的好奇，使得許多人在賽前就已經鎖定這場對決，超級新人挑戰頂級控衛，朗度的高度拉高了林書豪的立基。

尼克與塞爾提克的比賽，沒有令觀眾失望，實力相當的兩隊，從開戰就形成令人屏息的拉鋸戰，朗度在開賽的三分鐘，就造成林書豪兩度犯規，迫使他下場，在接下來的比賽中，朗度更與攻擊主力連成一線，讓隊友拿下雙數的得分紀錄，其中

皮爾斯（Paul Pierce）更以34分的亮眼成績獨占鋒頭。面對有如此優異表現的朗度，林書豪保持他一貫的謙虛，「他是這個聯盟最好的控衛之一，聯盟裡也許沒有人能做到今天他這樣的表現，他無疑控制了比賽的進程和節奏。」賽後的林書豪讚譽朗度的表現，但也沒有因此看輕自己，他對成長的企圖心依然強烈，「我學到的是他對於比賽速度的掌控，和視野的寬闊，傳球時候的把握。」即便林書豪帶起一陣林來瘋熱潮，他自己卻能專注於籃球本身，將其他球員看作強大可敬的對手，並珍視對手的存在，從對方身上汲取灌注自身的養分，讓自己更朝完美之路邁進。

知名哲學家赫胥黎曾說過：「所謂的經驗，並不是一個人的遭遇，而是這個人如何面對他自己的遭遇。」尼克對塞爾提克的比賽中，朗度的表現雖然凌駕於林書豪，美國媒體也用「林書豪還沒準備好上朗度的這一課」的大標題來反諷，但這並未動搖林書豪的信心，他肯定朗度的優秀，也願意向這位球技與經驗兼具的控衛學習，這樣的謙虛能讓他將失敗轉變為經驗，讓自己更上一層樓。「打擊你的人，其實是上天給你最好的禮物。」只要我們能像林書豪一般，將打擊看作成長的動力，激勵自己向上，就能像他一在每場比賽展現出自己的潛能，「向逆境乾杯」、「向對手致敬」，以這樣的態度面對失敗，就一定能在某一刻超越對手，取得成功。

也因為林書豪總以肯定的心態看待其他球員，對手在擊敗他之後，也給予他高度的肯定。熱火「閃電俠」韋德（Dwyane

Wade）就在賽後肯定林書豪身為球員所具備的才能，說林書豪「值得至今所有獲得的讚譽」，這樣毫無保留的讚美，讓觀眾明白林書豪的價值不僅僅在贏球，還有能不斷散發正面能量感染他人的特質。

許多成為標的的成功人士，都是在失敗的淬鍊下成長，因為有失敗，才寫下激勵人心的故事。談起打擊樂，第一個想到的就是臺灣打擊樂界教父朱宗慶，而他之所以有今日的成就，就是他能從失敗中汲取經驗教訓，把每一次的挫折轉化成繼續向前奮進的動力。

他的成功是由一連串的失敗堆砌而成。當年他報考藝專音樂科時，不幸名落孫山，致使從小玩音樂的他重重跌了一跤，但他告訴自己：「無論如何，我都不該輕言放棄最愛的音樂。」於是他說服父母讓他重考，並找出第一次考試失利的主因，除了提升技巧之外，也在樂理、音樂史方面勤下功夫。人生的第一次挫敗，讓他體會到跌落低谷時，熱情不能褪色，只要永不放棄，就有如願以償的可能。更重要的是，他深刻明白一個道理：「成功有時不是不來，只是腳步慢了幾許。」

後來，朱宗慶從藝專音樂科畢業，申請到音樂之都維也納深造，到了維也納才明白他只是拿到考試許可，不是入學許可，必須有老師願意收他為學生，他才有機會入學就讀。不服輸的朱宗慶不想就此打退堂鼓，只好央求華特・懷格（Walter Veigl）老師讓他留下來旁聽。之後在一次課堂上的試打，老師一聽大為驚豔，使得他終於如願進入維也納音樂學院。這次的

留學經驗讓他明白，遇到問題絕對不能退縮，若是先有了「可能失敗」的消極認知，反而可能促成失敗的誕生；只要把困難當成必然，認真分析失敗的原因，找出失敗的癥結，不斷反思經驗，調整心態，堅持到底，成功就會向你招手。

🏀 不屈不撓的堅持

堅持並不是一句口號，而是能令失敗者扭轉命運的推手，看著一路順遂的成功人士，我們往往會忽略這項特質；而當這位成功人士曾經因深陷失敗而相當悽慘，事後往往能成為激勵人心的故事，帶給他人自信與勇氣。林書豪對籃球的堅持，也不盡是熱忱兩字能一筆帶過，過程中「跌倒—爬起」的反覆過程，更是他今日強大的營養劑。

同樣身為運動員，獲封「神的左手」美譽的大聯盟投手郭泓志也是因為堅持住追求理想的心，才重回榮耀的投手丘。他不僅是球速全球前五快的稀有左投手，並且18歲就被美國道奇隊相中，成為臺灣最年輕赴美的職棒投手。然而，就在掌聲與歡呼之中，一顆轟天裂地的隕石，卻撞進了他即將啟程的明星生涯。

2000年，郭泓志首次在小聯盟出賽，在先發三局之中，便七度三振對手，當時現場情緒激昂，正當他享受著全場為己瘋狂的榮耀時，忽然左手傳來一陣劇痛——韌帶斷了！一個球員視之如命的手部韌帶斷了！

他在洛杉磯Centinela綜合醫院接受了手術，接受了這個重建

命運的洗禮，他不曉得睜開眼之後的自己，能否再回到過去意氣風發的時代。手術過後，他花了一年的時間復健，所有球場活動全數停擺。過去以驚人球速技壓棒球界的他，在復健過後投出的第一球，竟然只投出了「一個人」的寬度！

21歲那年，郭泓志不顧尚未完全復元的身體，勉強代表中華隊出戰，卻連續投出2個四壞球保送，讓南韓以1分得勝。曾經是萬人簇擁的焦點，這時他卻成為全國砲轟的靶心，頓時從高臺墜入低谷，加上父親過世的噩耗，讓他更堅定了要重新奮起的鬥志，積極地進出醫院進行重建和復健。

2005年，在他不懈的自我鍛鍊之後，他終於成為道奇隊一軍擴編名單榜上有名的人物，並成為臺灣第四位登上大聯盟的出色球員，並得到K-ockroach（三振蟑螂）的封號，象徵他屢敗屢戰，怎麼也打不死的「小強精神」。

身體上的痛苦與堅強的意志造就郭泓志的成就，心理上曾經脆弱，最後能勇敢面對的人，也同樣叫人欽佩。林書豪就是以堅持的心態與信念戰勝曾經打垮他的低潮與壓力。

林書豪令人敬佩的特質，並非與生俱來，而是藉由生活的磨練，放下不該執持的事物，最後才造就讓人敬佩的品格。

高中時期的林書豪，仗著自己的才能其實並沒有積極苦練，直到他在一次冠軍賽前夕，因街頭籃球賽扭傷腳踝，才讓他開始反思並正視自己的錯誤，那個時候他才明白，隨隨便便的態度會讓他與夢想擦身而過，所以，他一改恃才傲物的心態，決定以腳踏實地的信念堅持走下去，這對他來說是很珍貴

的一課，但卻不是唯一的一課。

當林書豪與勇士隊簽約時，他難掩興奮之情，以為已經實現夢想，直到他因為壓力而失去自我，打球不再充滿熱情，似乎只是為了討好別人而揮動自己的手腳，反而得不到好成績，更因此成為球隊的雞肋球員。這個時候的他，在《聖經》中得到勇氣，知道這是磨練，不應以失志的心態面對，重振旗鼓的他所放下的，是將眾人期待背負在身上的壓力，從那時候起，他的球是為了上帝而打，榮耀屬於上帝，失敗也是上帝的仁慈，信念重啟他的堅持之路，致使他成為萬眾矚目的閃亮新星。

失敗磨練人的意志，而堅強的意志則會使強者戰勝失敗。

世界上沒有絕望的處境，只有對處境絕望的人。有時候失敗並不是敗給別人，而是敗給了悲觀的自己。對於真正的奮鬥者而言，破產只是一時；不去奮鬥，則一生必將貧窮潦倒。只要你沒有喪失勇氣，敢於持續奮戰，將失敗轉化成動力，成功將對你展露笑顏。

由威爾・史密斯（Will Smith）父子主演的電影《當幸福來敲門》（The Pursuit of Happiness），是講一個辛苦的父親如何努力兼顧帶孩子與自己的事業，從窮鬼翻身到華爾街證券之王的真實故事，片中的父親猶如衰神附身，在職場上不斷受挫，種種煎熬讓人不禁鼻酸，但為了兒子，他告誡自己不能被打敗，更不能放棄，他相信只要全心貫注地勇敢向前，各種挫敗都是成功的養分。最後，他真的走到夢想的終點，達成了他想

贈予兒子的幸福目標。

　　一個絕境就是一次的挑戰、一次的機遇。只要再多堅持一下，成功就在你的腳邊，只要再多努力一點，目標就離你不遠。持之以恆地挑戰挫折，永不放棄的堅定心態，總有一天，你會從V型人生的低谷，攀爬到陽光普照的頂峰。

林書豪告訴我們：成功是一門學問，失敗也是一門學問，從失敗到成功的敗部復活學則是門更深奧的學問。我們沒有理由在任何困難與挫折前畏步不前，只要記取教訓，樂觀自信地去解決你面對的困境，堅持終將助你成功。

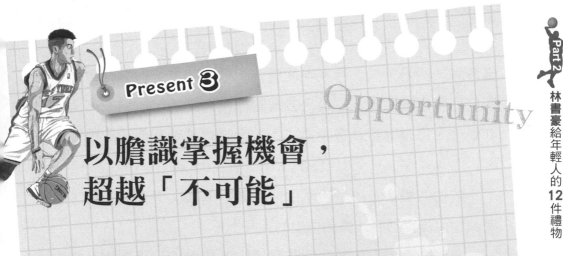

Present ❸

Opportunity

以膽識掌握機會，
超越「不可能」

> 我一直都準備好了，現在只看我能不能把握上場機會，為球隊做出貢獻。
>
> ——林書豪

「成功，是上天留給堅持到最後的人的最後禮物。」林書豪就是最棒的例子，一直坐冷板凳的他，並沒有放棄他對籃球的熱愛，他相信只要努力地前進、從不懈怠地反覆練習，不斷累積自己的實力，並耐心等待，當上帝知道他準備好了，只給了他一次「上場機會」，而林書豪也抓緊了機會，拚命表現，充分發揮實力，向世界證明他是可以的。

美國教育部長鄧肯（Arne Duncan）和林書豪是不同年代哈佛校隊的主力球員，自林書豪在哈佛校隊打球開始，他就持續關注林書豪的球賽，他針對林書豪的爆紅，曾對媒體表示：「林書豪並非一夕成名，他過去就表現得十分優異，並且已準

備多時，只是苦無上場表現的機會。種族確實是影響林書豪早期籃球生涯的主因，一般人普遍對他沒有期待，以刻板印象來判斷他，這是導致林書豪過去不被青睞也被球團低估的重要原因。」

成功的機會，總是給予那些準備好的人；幸運的光環，總是戴在已具備必要知識和技能的人身上。

一位老教授退休後，拜訪偏遠山區的學校，將他的教學之道與當地老師分享。由於老教授的愛心及和藹可親，使得他大受老師及學生們的歡迎。

有次當他結束在山區某學校的拜訪行程，而欲趕赴他處時，許多學生依依不捨，老教授也不免為之所動，於是當下答應學生，下次再來時，只要有誰能將自己的課桌椅收拾整潔，老教授將送給該名學生一份神祕禮物。

在老教授離去後，每到星期三早上，所有學生一定將自己的桌面收拾乾淨，因為星期三是每個月教授例行前來拜訪的日子，只是不確定教授會在哪一個星期三來到。

其中有一個學生的想法和其他人不一樣，他一心想得到教授的禮物留作紀念，生怕教授會臨時在星期三以外的日子突然帶著神祕禮物到來，於是他每天都將自己的桌椅收拾整齊。

但往往上午收拾妥善的桌面，到了下午又是一片凌亂，這個學生又擔心教授會在下午來到，於是在下午又收拾了一次。接著他想想又覺得不安，如果教授在一個小時後出現在教室，仍會看到他的桌面凌亂不堪，便決定每個小時都收拾一次。

最後，他終於想通，若是教授隨時會到來，仍有可能看到他的桌面不整潔，於是他必須時刻保持自己桌面的完美，隨時歡迎教授的光臨。

老教授雖然尚未帶著神祕禮物出現，但這個小學生已經得到了另一份奇特的禮物。

在一定條件下，機會對於每個人來說都是均等的。對於有充分準備的人來說，機會意味著成功的電梯，他們只要等到電梯開啟，就可以被送到成功的天臺。但對於平時毫無準備或準備不足的人來說，機會卻是過站不停的列車，永遠沒有讓他們搭乘的可能。

如果你想有所收穫，就要做到一旦看準了目標就立即行動，隨時保持整裝待發的狀態，一旦機會降臨，便能牢牢握進手心。

林書豪在尼克隊一戰成名之前，對許多人來說是沉寂的期間，但實際上，他不曾停下腳步休息，不管有沒有被看見，他都持續在磨練球技與開闊視野。

在勇士隊期間，林書豪在教練馬索曼身上，學到了「擋切戰術」，並琢磨臨場發揮的能力，讓馬索曼讚譽其為最擅長「運球突破」的球員之一。在此之後，林書豪找上薛普勒教練，為的是改善自己投射三分的技巧，是這樣的苦練，讓他在終場前的0.5秒，投出了致勝的三分球，在危機中的驚人表現，絕不是偶然兩字能說明。學習戰術、增強得分本領，這樣的林書豪，已經是個相當出色的球員，但是，他並沒有因此滿足，

經由薛普勒的介紹，林書豪得以在訓練師瓦格納的幫助下加強他的爆發力，瓦格納針對林書豪的弱點設計適合他的訓練，讓林書豪的肌力大為提升，體力、技術、戰術，這些對一個優秀球員而言絕不能少的特質，林書豪藉由持續努力而備齊。

具備了即戰力之後的林書豪，在麥迪遜花園廣場秀出他的價值，自那之後的比賽，他不再是坐在場邊觀察的板凳球員，而是列入先發名單的耀眼新星。大學畢業沒有受到NBA選秀的青睞，兩次因球隊預算考量而被交易出去，這樣的經歷與後來的他相比，實可謂「奇蹟」，他自己也曾說這些榮耀，只能用上帝的奇蹟形容，但是，這真的是奇蹟嗎？是奇蹟降臨，還是自己創造了奇蹟？

創造偶遇力奇蹟

身兼可米瑞智董事長、東森戲劇臺臺長的偶像劇教母柴智屏，自文化大學戲劇系畢業後，因求職不順，又盼能進入戲劇界，只好暫時擔任三級片編劇。某次柴智屏的父親住院，她前往病房照料，無意間將劇本遺落在旁，被隔壁床的病患家屬好奇地拾起閱讀── 她就是當時紅極一時的綜藝節目《鑽石舞台》製作人黃國治的太太。

因緣際會之下，柴智屏被推薦進入《鑽石舞台》製作團隊，撰寫短劇劇本。進入攝影棚後，她並不受限於編劇的身分，而是仔細觀察製作人王鈞的現場工作實況，耳濡目染之間，對於節目的整體運作已經滾瓜爛熟。

　　某次，王鈞因突發事件突然離開攝影棚，錄影現場群龍無首，主持人胡瓜便要柴智屏出面領導。在這個決定性的關鍵機會，因為她平時的「勤於備戰」，使她當場一鳴驚人，並因此成功由編劇跨線成為製作人，爾後並製作出《好采頭》、《超級星期天》等獲獎無數、好評不斷的優質節目，更轉而製作《流星花園》等高收視偶像劇，打造了享譽亞洲的巨星天團F4，兩年內賣出十三國版權。

　　偶遇力（serendipity），是一種能夠意外發現珍貴事物的能力。Chance可以解釋成「偶然」，也可以解釋成「機會」，而究竟是偶然還是機會，就要端視個人有沒有足夠的「偶遇力」，將偶然化為必然，將運氣變成機會。而累積「偶遇力」的前提，就是無論未知的劇本是什麼，隨時都為明日的劇情勤加排練。

　　電影奇才伍迪・艾倫（Woody Allen）說過，許多人在生活中90%的時間都是抱著「得過且過」的心態。大多數人的生活層次只停留在：為吃飯而吃、為搭公車而搭、為工作而工作、為了回家而回家。他們從一個地方逛到另一個地方，事情做完一件又一件，卻很少有時間從事自己真正想完成的目標，直到老死。我猜想很多人臨到退休時，才發現自己虛度了大半生，剩餘的日子又得在老邁與病痛中一點一滴地流逝。

　　如果期待夢想中的人生能付諸實現，就不要再讓消極腐蝕生命！你必須從當下的這一秒開始把握，隨時保持備戰狀態，即使一天只有幾分鐘的空檔，你也不至於因為學習的停滯，時

常歎惋與機遇擦身而過。就像林書豪所說的：「我的訓練並不挑時間，我抓住一切可以讓自己提升的機會，我一天也不想浪費，不管在哪兒，我都想一直不斷提升自己。」

 ## Always switch on

假使你有100%的才幹，卻永遠只發揮20%，那也只能枯坐在空無一人的月台上，等待名為「機會」的列車。備戰的過程重要，將過程化為表現也同樣重要，拿林書豪來說，就是在籃網一役中，不負總教練的期望，讓尼克順利拿下勝利的逆轉勝發動機。

花旗銀行臺灣區副總裁盧正昕，就是一個總是讓自己「switch on」的典型。

在美國印第安那州立大學攻讀企管碩士期間，盧正昕就抱持著勢必擠進紐約花旗銀行的決心，徹底搜羅所有花旗銀行相關的資料。然而，在寄出將近十封履歷後，他得到的並非錄取的佳音，而是一通冷冰冰的婉拒電話。

然而，盧正昕沒有因此就放棄，他自費撥打長途電話、自費出機票錢和住宿費，只為換取與人資主管面談的機會。一個鐘頭過後，人資主管深深為盧正昕的積極與「Only花旗」的精神所折服，又陸續找來了部門主管和高階主管面談，最後終於打破了只收名校生的限制，讓盧正昕正式進入花旗銀行上班。

進入花旗銀行之後，盧正昕非但沒有因此懈怠，反而更加上緊發條，每天第一個抵達辦公室，也是最後一個離開辦公

室，除了自己分內的事之外，更「為所不當為」地幫忙同事。即使當時自己是同批員工中少數的亞洲人，不免遭到些許種族歧視的對待，他依舊分毫不敢懈怠。短短半年之後，盧正昕就獲得了升遷。

　　經歷了美國單打獨鬥的歲月之後，1967年，盧正昕回到臺灣，但依舊沒有讓自己「switch off」。他隨著臺灣花旗銀行一同成長，從不到一百人的規模成長為員工數破千的大型銀行；1990年，他籌設華信銀行，後來擔任永豐金控執行長，並接著成立了投資及企管顧問公司，樹立起一個又一個事業里程碑，從來不讓自己有停滯的機會。

　　林書豪與盧正昕，都在備受歧視的環境中穩住腳步、堅持自我，後者建立了自己的事業，而林書豪，更是大大地改變了世界的觀感。在求學過程中，陪伴林書豪走過的，除了信仰，就是父親的一段話。林書豪的父親林繼明，在他飽受種族歧視而沮喪時，勉勵他不要在意他人，人們永遠都有說不完的評論，但不能因此而動怒，因為這些都只是無用的言語，只要贏了比賽，自然就能贏得尊重。於是，他學習不再以言語反駁，而以冷靜自持，忽視那些針對他的諷刺之語，到了現在，則讓全世界看見他，不是亞裔球員，也不是高學歷的哈佛菁英，林書豪自己曾說，他就只是一個球員，至於其他的標籤，他從不往自己身上貼。

　　Switch on，就是開啟自我的動力開關，持續往前馳騁，直到抵達目標的那一刻！

「臺上三分鐘，臺下十年工」，一分的累積雖然短期內無法收效，但卻能在關鍵時刻展現「養兵千日，用在一時」的力量。當大家發現一件「只有責任沒有權力」的工作時，這種吃力不討好的事情，通常都不太有人願意接手，這時候如果你將它視為一個自我挑戰的機會，在大家都放棄的時候，你就比別人多了一分成長。

　　林書豪的成功，與其付出的努力當然有密切關係。林書豪在帕羅奧圖市立高中時期的籃球教練，彼得・丹佩布洛克就大大肯定了林書豪對練球的熱忱與付出。丹佩布洛克說林書豪總願意比別人花更多時間練習，認真研究對戰的對手，這樣積極的企圖心與用心程度，讓他在高中與大學時期一直都是球隊的主力。

　　成功的人常常保持成長與精進的熱忱，主動擔負起各種責任；常常和別人溝通，交換彼此的高見；並且撥冗參加各式講習及訓練來充實自己。所以一旦機會來臨，他們立即就有充分的能力可以大展身手。

　　通常只有在遇到實際的狀況時，才能分辨出你是否達到勝任那份工作應有的門檻。如果你是一個外科醫生，就要等進行手術時才能判別你是否醫術不佳；如果你是一名廚師，則要到你遇上具有難度的菜單時，才能證實你的廚藝程度。所以，能評斷你能力的裁判不是你的老師、你的客戶或你的朋友——而是你自己！自己的實力其實自己心知肚明！

　　在行動之前，你自己其實早就知道是否足以擔負起這個任

務。你可以想盡辦法掩飾你的無能，並祈禱沒有人會發現你的知識不足、技巧生疏。但終究你還是得面對自己的無能與不足，也必須自己想辦法改善，時刻督促自己成長、強迫自己增強即戰力，鑽研自己的目標領域，認真研讀、仔細觀察、專心聆聽這領域中頂尖人士的言行舉止，並學習他們的作為。

財經企管趨勢大師陳富生，在《逆轉富——薪水族求財大作戰》中，即舉了數個因預先準備而掌握佳機的實例：

有一位大學畢業生初離校園，恰逢就業市場緊縮，求職四處碰壁。好不容易有一間外商公司通知他前往面試，他自認英文程度尚可應付，於是胸有成竹地赴約。面試當日，面試官與他進行幾道英語對答，由於他的英語僅在中間程度，因此並沒有太讓人驚豔的表現。接著，面試官拿出一個紙盒問他：「這是用來裝什麼的？」他接過紙盒一看，發現紙盒同時有英文和日文說明，卻是相當少見的字彙，然而他剛好基於興趣學了幾年日文，輕鬆地脫口而出：「碘酒」。正因這個既備的能力，他把許多英語遠比他流利的應徵者擋在門外，也順利取得了外商公司的工作。

要讓自己總是維持完備狀態，就要常和目標、理想或工作領域的最新趨勢和最新動態「保持聯絡」；參加新的發表會、展示會、討論會或其他各種集會。敏銳地觀察相關的新趨勢、新發現，隨時「Google」一下（在中國的話則是「百度」一下），記得關鍵辭彙要不時更換；睡前閱讀相關書報雜誌，你將會為從中發掘新的可能而興奮莫名，因為你善用今日的每分

每秒，已為明日的人生規劃了更完善的方向，並有豐沛的資本，足以讓降臨你人生的每個偶然，盡數轉化為推進成功的必然。

林書豪除了耀眼的球場成績之外，他的持續成長同時也讓人期待，短暫的流星之所以不能持續閃耀，是因為它在燃燒的瞬間不斷下滑，最終只能讓人留下模糊的印象，而林書豪之所以能背負起教練和觀眾的期待，就在於他靈活的自我調整與成長潛能。在林書豪即將對戰熱火隊「小皇帝」詹姆斯的前夕，總教練丹東尼曾言他不會給林書豪任何建議。「他會自己找到方式，也會從中學到經驗。」不僅對林書豪的自我成長有信心，丹東尼對其掌握戰局的才能也很讚賞。

林書豪在尼克拿下的第五勝，對明尼蘇達灰狼一戰，就顯示出他在危機中的應變力。下半場投13中1的表現，讓尼克陷入了苦戰，但他依然在不利的大環境下靈活調整，重整進攻節奏，以不同以往的方式進攻。總教練丹東尼當然也看出林書豪的狀態不若先前好，但是他仍選擇讓這位球員留在場上，賽後丹東尼表示，狀態不佳或許影響了林書豪的表現，但他認為林書豪的領導才能很可貴，這是為什麼他有時必須激發林書豪的潛能。從丹東尼的發言當中可以看出對林書豪成長的期待，他對林書豪已經具備的戰力有信心，也知道他能更上一層，所以，這位總教練試圖讓林書豪經歷不同的挑戰，意圖讓他的進化更全面。

羅馬絕非一日造成，準備好雖然不一定有機會，可是如果

不準備好，就永遠沒有機會！海明威（Hemingway）曾說：「運氣好當然是好的，但我寧願做好萬全的準備。」不論是何種困境與阻礙，有準備的人都能泰然面對，將心力投注在研發解決之道上面，所以很快就能再次步入正軌。

知名日劇《派遣女王》就在闡明主角擁有各種證照，諸如駕駛交通工具、語文檢定、金融證照……等。各種你所能想到的她都會有，也因此她的能力總是令雇主豎起大拇指，任何工作都能輕易上手，遊刃有餘。由此可知，她為自己創造了多樣化的就業機會與技能，因而免於失業的困境，甚至成為職場的當紅新星。「活到老，學到老」，人們終其一生都要不斷努力、充實自我，才能增加競爭力，為追尋目標開展出更多機會。

機會來臨時，你有沒有膽識緊緊抓住？

在持續火熱的林書豪熱潮中，我們看到了林書豪一個又一個激勵人心的特質，其中一項更被總教練丹東尼譽為「旁人無法教會他的東西」，那就是膽識。

前行政院長劉兆玄日前在中山大學畢業典禮致詞時，勉勵畢業生要有「五識三C」，五識分別是「學識、常識、見識、膽識、賞識」；三C則是「Challenge（挑戰）、Change（改變）、Chance（機會）」。日本著名漢學家安岡正篤先生也認為：「知識只要翻開百科全書或字典就可以學到，既沒有必要強記，也無需填鴨式地過度汲取，否則也只是流於常識豐富而

已。比吸收知識更重要的是將知識組合成有條理、有邏輯的信念，變成比知識更有用的見識；不過即使擁有見識，如果不去實行這些理念，對提升自己的助益還是不大，因此有必要將見識提升為膽識，也就是轉化為執行力。」

大家一定都還記得林書豪連勝紀錄中的第四勝，面對氣勢與實力兼具的湖人隊，林書豪刷新了自己對上籃網的25分紀錄，以38的高得分證明了自己，在有「小飛俠」之名的布萊恩（Kobe Bryant）面前，他沒有猶豫與膽怯，在勝利的光環背後，膽識的可貴之處顯露無疑，沒有膽識，他不可能扳倒眾人眼中的巨人。

在與灰狼對決，取得五連勝後，「這不是場好看的球，但是場膽識的對決，走在這個連勝之路，我們大家都很累了。」林書豪在賽後這樣說。可見連勝的道路絕不輕鬆，令人走得步履蹣跚，甚至於球員的包袱只會隨著連勝紀錄的增加而不斷上升，在這種壓力下，是不放棄的精神和膽識讓林書豪堅持下來，帶領尼克拿下得來不易的勝利。

大家都知道知識很重要，常識、見識不可少，卻往往忽視了膽識。有了知識、常識和見識並不能保證你能成功，你還需要有膽識，也就是擁有敢於行動的勇氣和膽量。什麼是「膽識」（guts）？膽識並不是莽撞無知的匹夫之勇，不是《論語》中「暴虎馮河」、「死而無悔」之流；膽識是在認清問題的規模與風險的形貌之後，經過縝密思考，義無反顧地犧牲當前的安穩，接受超出自身能力範圍的挑戰，正如《論語》中奮勇進

取與有所不為的狂狷之輩。

　　也就是說，知識能改變命運，常識引導生活，見識指導工作，膽識成就事業。像美國微軟公司的比爾‧蓋茲、蘋果電腦的賈伯斯，都是沒唸完大學就創業的人。他們憑著一股無比的膽識，冒險挑戰未知領域，終於成功證明了自我。

　　在歷史上，霸權的崛起往往與戰爭的成敗有關，有「日不落帝國」之稱的英國，就是在對西班牙無敵艦隊的勝利中崛起，躍升歐洲地區的強權國家；日本開始在亞洲地區嶄露頭角，也和1904年的日俄戰爭有關，這兩個國家的共同點，在於有實力之餘，更用迎戰強權的勝利來證明自己。

　　冒險，曾經是個經常與「失敗」、「魯莽」、「意氣用事」等負面辭彙相連的名詞；其實，冒險和成功卻經常是一體兩面。美國麻省理工學院教授，也是全球知名經濟學家梭羅（Lester Thurow）說：「有膽識的冒險，雖然有失敗的可能；但沒有冒險的膽識，注定會失敗。」縱觀歷史即不難發現，如果人生中缺乏冒險性格，就會失去許多機遇的青睞。

　　當「鴻門宴」中，項莊以舞劍助興為名，實際目的卻是要取劉邦的性命，在此危機關頭，張良見大事不妙，趕緊通知一同前來的猛將樊噲，樊噲手持武器直闖大帳，怒目而視、氣勢逼人，項羽驚問來者是誰，在張良介紹後，項羽賜與樊噲酒與生豬腿，樊噲以盾牌為案，用寶劍為刀，不一會兒就將豬腿吃下肚。此舉震懾住了項羽，令項羽心慌無比，心想此人如此兇猛，雖然自己帳外有四十萬大軍，但此人離自己僅有咫尺，經

過一番權衡後，項羽始終不敢下達殺劉邦的命令。正是在最關鍵兇險的時刻，因樊噲的勇武與膽識威嚇住對手，使整體局勢轉為有利於己。正是膽識的神奇威能，創造了以弱勝強、以少勝多、以一人勝四十萬大軍的歷史佳話。

🏀 只要敢去做，沒有什麼不可能！

當成功的跳板就在眼前時，就看你能不能戰勝自己的恐懼一蹬而上。縱覽古今，凡是取得成功的人，都是因為他們相信自己能夠完成艱鉅的任務，絕不會因為眼前的障礙而失去前進的膽識，進而勇敢地在顫抖中成長。

如果你在面對更高的層次與境界時，會有無法遏止的恐懼，也許可以從林書豪身上學習克服恐懼的習慣。急速竄升的人氣與球迷們的注目，當然會讓林書豪受到對手的嚴防，在面對針對自己而來的包夾戰術時，林書豪是這麼想的：「對付他們的夾擊，我就是試圖擺脫，或者後退，等待包夾消失，然後我就可以攻擊，面對這種夾擊，我覺得自己一些時候可以稍微擺脫一下防守。」在強力的防守戰術面前，林書豪沒有畏懼，反而以相信自己的積極態度與膽識迎戰，自然讓對手措手不及。

穆罕默德‧阿里（Muhammad Ali）是一位叱吒風雲的職業拳擊手。當阿里第一次走上拳擊臺時，瘦弱的他令觀眾認為，他不出五個回合就會被對手擊倒。然而，就是這個大家不看好的年輕人，在他一生61場比賽中，創造了56勝5負的拳壇神話，

成為拳擊史上第一位三度奪得世界重量級的冠軍，更受美國的《體育畫報》雜誌評為二十世紀的運動大師。他說過：「『不可能』只是別人的觀點，那只是挑戰，而絕非永遠。」

後來，萊拉‧阿里（Laila Ali）出現在愛迪達（Adidas）最新的廣告片中，她就是拳王阿里的女兒。原來拳王阿里的女兒也打拳！她甚至與父親在拳擊臺上同場競技，演繹了另一個「挑戰不可能」的故事。

「我是萊拉‧阿里，我是一個職業拳擊手。我身上背負著三條世界重量級拳王金腰帶；職業生涯的戰績是16勝0負，曾13次擊倒對手。我想我面對的最大挑戰就是：成為萊拉‧阿里，而不是永遠被人稱為穆罕默德‧阿里的女兒。告訴你們，我的父親是個大男人主義者，他甚至不喜歡我穿短褲和運動服。但是，我從不認為女人和拳擊相互矛盾。我想成為一名戰士，同時也是一個讓人激賞不已的漂亮女人。」萊拉‧阿里這樣解釋自己的選擇。

至於她的父親老阿里，每次看完女兒的比賽，都會對她說：「妳是最優秀的！」現在，萊拉‧阿里已經贏得了三項世界冠軍。面對榮譽，她這樣回答：「有人說女人不該打拳擊時，你認為我會怎麼做？是的，我現在是世界上最知名也是最優秀的女戰士。當人們走向我，告訴我他們受到了鼓舞，因為我使他們相信，世上沒有不可能的事，我的心情棒極了！那讓我感覺到自己的價值，我必須繼續做得更好。」

萊拉的職業生涯完美無瑕，在2007年2月3日南非的世界女

子拳王衛冕賽，萊拉僅僅用了56秒便擊倒了對手歐妮爾。生涯征戰24場勝無敗績，21次KO對手，這讓她獲得一統女子職業拳擊超中量級世界冠軍（WBC、WIBA、IWBF）並多次衛冕的榮譽。拿到一系列榮譽之後，29歲的她於2007年7月結婚，選擇了在最榮耀的時候退役。

拿破崙‧希爾在他十幾歲的時候，做了一件奇特的事——他買了一本內容實用的字典，第一個查閱的字便是「不可能」（impossible），然後，用剪刀把它剪下來，丟到垃圾桶，並對外宣稱：「在我的字典裡沒有『不可能』這個字。」他認為成功只會降臨到有「成功意識」的人身上，而失敗只會找上允許自己有「失敗意識」的人。把「不可能」這個字剪掉，是拿破崙對自我宣誓的舉動——告訴自己只要有勇於行動的膽識，沒有任何事情是不可能的，的確，許多看似不可能的事情，只是因為我們根本沒有採取行動，或是沒有竭盡全力。只要去做，萬事都有可能。成功者往往不知道什麼是恐懼，更不知道「不可能」為何物；他們擁有把握成功的膽識，在困難與災禍襲來的當下，就用自信的雙拳將其一一撂倒。

以體育表現申請各大學的時候，林書豪沒有受到青睞，從哈佛畢業的光環，也沒有替他打開NBA的選秀大門，當時的林書豪，在眾人眼裡連璞玉都算不上，但看看他現在的表現，不僅在初登場的時候就秀出亮眼的成績單，更以之後紮實的表現說明勝利絕非偶然，在面對許多同期的新星球員時，他持續地刷新自己的紀錄，得分、助攻、失誤等等的次數，都可以看出

他的持續成長，在穩定中求進步，這讓他獲得大眾的關注與支持，也撕碎了以前其他人貼在他身上的「不可能」標籤，會停滯不前，還是跨越瓶頸，能決定走向的，最終還是自己。

　　膽識是把握成功的關鍵，成功往往屬於那些決策大膽、行動果敢的人。在以膽識闖出一片天之前，能以隨時備戰的心態增進自己的技術，也是林書豪帶領球隊連勝的原因，當總教練因為原規畫球員狀況不佳，而臨時指定他上場的那一刻，他就帶著膽識，展現他平常所累積的實力。林書豪之所以能有現今的成就，就是因為他致力充實自身以創造機會，在逆境中，思考另一種能讓自己突破瓶頸的方式，種種努力，都是在為自己創造機會。

機會是留給準備好的人，不要怨懟不受機遇青睞，而要每天一點一分地累積實力，維持在備戰狀態，而當機會來臨時，就看你有沒有膽識伸手緊緊抓住，把信念化作行動，將目標變成現實！

Humility

謙卑感恩，
人氣魅力飆升

> 感謝隊友，感謝上帝，勝利是要靠隊伍中的每一個人都扮
> 演好他的角色。
>
> ──林書豪

再多再膩的問題、重複幾百遍一樣的答案，豪小子依然都能帶著笑容，照單全收。我們說，讓他如此受到關注與寵愛的，除了在球場上引起旋風的球藝，當然還有在NBA世界中難得一見的「豪式謙虛」。

雖然這個世界因為他多了一些如「Linsanity」、「Lincredible」、「linpossible」、「Lin Dynasty」、「Linfinity」的潮流單字，但他不過笑笑地說：「還是叫我『Jeremy』就好了」。面對如此短時間的爆紅，豪小子比誰都希望自己對任何人的態度都一樣不會改變，就做他自己。

在球場上，一個控球後衛最大的責任在於傳球與發動攻

勢，對於在前幾場出手次數很高的林書豪來說，他自言自己的工作應該是傳球、並且讓隊友們都能發揮實力，打出一致的節奏。更不用說，在奇蹟式地贏得球賽之後，世界關注的是Jeremy Lin，但他卻把這份至高無上的榮耀獻給了隊友與上帝。

🏀 懂得謙遜，展現你的親和力

天與地之間的高度是多少？蘇格拉底（Socrates）的答案是：「三尺！」也許你會疑惑：「我們每個人都有五尺高，天與地之間只有三尺，那不是我們都要戳破蒼穹了？」而蘇格拉底笑著說：「所以，凡是高度超過三尺的人，要長立於天地之間，要懂得低頭！」低頭，不是委曲求全，不是膽怯退卻，它是一種謙卑，是一種昂揚向前的積蓄，如烈酒雖濃，卻不嗆人，似歌聲雖嘹亮，卻不刺耳。越飽滿的稻穗會垂得越低！

淮南子說：「善泳者溺，善騎者墜」，你會發現那些電視新聞報導的溺水者大部分都是會游泳的人。很多人往往自恃有本事，而掉以輕心，最後總會弄得一敗塗地。俗話說「滿招損，謙受益」，驕傲自大，只會招來失敗，而謙遜、虛心的人，才能發現別人的長處，學到許多東西。

謙遜的人猶如戴上一副神聖、尊貴的面具，在任何處境都能將自己的意志與力量轉化為秘密武器，如此就能不卑不亢地踏出成功的第一步。

「如果我不一樣了，請你們一定要告訴我。」豪小子如此對媒體說。於是我們知道了，在這樣的「豪式謙虛」之下，他

擁有著一顆完全燃燒主控欲望的心，這樣的控制欲望讓他在危機時刻爆發實力，而「豪式謙虛」卻又能適時地拉他一把，不致使脫韁野馬，將功勞全攬在自己身上。

在如此進退得宜的心理拉鋸戰中，也才得以在對戰暴龍隊的終場前幾秒鐘，尼克落後三分的情況下，「豪」不遲疑地朝籃下切入，借三分追平比數。簡單來說，沒有這樣的欲望與冷靜，是無法成就NBA叢林裡的英雄的。

筆者的一位朋友是留美的電腦博士，畢業後在人才濟濟的美國的矽谷（Silicon Valley）求職，屢次碰壁之後，他考慮再三，最後決定收起自己所有的學歷證明，以毫無學歷的普通打工者的身分去應徵，很快就被一家軟體公司所錄取。

他從一名基層的內勤做起，不久，他因發現某些軟體程式編寫的缺陷而被老闆提升為技術人員，此時他出示了自己的學士證書。過了一段時間，老闆看出他不僅勝任有餘，而且時常能富有創造性地提出許多獨到的建議，於是又提升他為系統軟體發展部門的負責人，並晉升他進入公司的決策層，這時他又拿出了他的碩士學歷證書。

後來老闆對他的能力有了全面地認識，於是毫不猶疑地任命他為公司的副總經理，並給予部分公司的股權，這時他才亮出他的博士學歷證明。從一般職員到管理菁英，他只用了兩年多的時間，人們在稱讚老闆有眼光的同時，更欣賞我的這位博士朋友不怕被人「看低」，堅持謙卑地從基層做起的開拓精神。

　　謙遜如林書豪者，只有先放下自己認為不能放的東西，才能讓自己重生、茁壯、發光發熱，就像這位哈佛小子就從來沒有把哈佛的學歷背在身後一樣。

　　我們不會因為逐夢（築夢）而停滯不前，但如果因為習為卑或亢或不屑於卑亢，使人與人之間產生距離，甚至形成人際交往的鴻溝，你就很難成為一個有作為的人。

　　所以，無論面對什麼人，無論他的身分或「高」或「低」，你一定要一視同仁，既不卑屈，也不高傲。只有在身處環境之中不卑不亢的人，才能得到別人的尊重，就如同豪小子在充滿歧視的白人社會裡，用他的實力與謙卑贏得了榮耀與尊重。

🏀 讓感恩成為一種習慣

　　懷著一顆感恩的心會看到生活細微處的美妙和動人，會聽到風在空氣裡流動的音樂，會等待著春天到來，會期盼著一個約會，會想念著遠方的朋友，會在突然的剎那間輕輕地笑了，因為這顆心懂得──生活原本十分美妙，而感恩是最幸福的事情。

　　用心去發現你生活周遭那些值得感謝的人和事──你的老闆、你的同事，你的客戶，還有你的家人和你的一切。大聲說出你的感謝，讓他們知道你感激他們的信任和幫助。請注意，一定要說出來，並且要經常說！也許你可以嘗試寫一封mail給你的老闆或上司，告訴他你是多麼熱愛自己的工作，多麼感謝他

給你發揮的舞臺，這一深具創意的感謝方式，一定會讓他注意到你──甚至可能破格提拔你。感恩是會傳染的，老闆也同樣會以感恩回報於你，感謝你所付出的努力。

每次球賽後的訪問，豪小子總是說：「感謝球隊、感謝球迷、感謝神！」就像，如果有一天你被放上了報紙頭版，切記絕不要一時被沖昏頭。看看豪小子在接受媒體採訪時的謙虛大度，這會讓他的隊友以及球迷更愛他。

帶著一顆感恩的心向別人表示自己的感激，猶如開封後的美酒，又醇又香。而我們最好養成一種習慣，只要嘗試著去做，就一定能養成感恩的習慣。

養成感恩的習慣可以從常說「謝謝」做起，說「謝謝」是一種禮貌，是一種個人家教的體現，能為你樹立禮貌、親切的魅力形象。

一位外國總統問一位高齡105歲的老太太長壽的祕訣時，老太太回答說：

一是要幽默。二是學會感謝。她從25歲結婚起，每天說的最多的兩個字便是：「謝謝」。她感謝老公，感謝父母，感謝兒女，感謝鄰居，感謝大自然，感謝每個人給予她的種種關懷和體貼。感謝每一個祥和、溫暖、快樂的日子。別人每對她說一句親切的話語，每為她做一件平凡的小事，每給她一張問候的笑臉，她都絕不會忘了說聲：「謝謝」。

大家對她每天無數次的「謝謝」不但不煩，反而更加體貼關愛她了。總覺得自己若不付出更多的話，就對不起她的那一

聲聲的：「謝謝……」幾十年過去了，「謝謝」二字使老太太的快樂長久，使老太太的幸福更長久。

從老太太分享的人生哲理中我們不難總結出，「謝謝」不僅是種禮儀，更是一種生活態度。用這樣的態度對待每一個人，對待每一天的生活，感謝幫助過我們的人，感恩生活，我們不僅能收獲他人美好的微笑，更能讓自己生活得更加快樂和幸福，這種感覺不僅影響著你的生活，也影響著你身邊的人，洋溢而出的知足感和幸福感能讓你產生親和的魅力。

感恩不但是一種禮節，還是一種生活態度，更是一個人內在涵養的具體體現。感恩與逢迎拍馬不同，是自然情感的流露，是不求回報與談條件的。經常向別人說謝謝，向生活說謝謝，感恩生命中的一切，時時做感恩的事，我們就能讓親和快樂的氣場如溫暖的陽光般感染身邊更多的人，帶來更多幸福與更多的好事。

「人緣」是無形的資產

林書豪的好人緣，從他就算成為媒體的新寵兒，他的隊友也毫不眼紅，就可以看得出來。「惡漢」巴克利還誇獎林書豪的好人緣，說連尼克隊友都樂於跟他合作、甚至是「為他」打球，相當難能可貴。

卡內基曾說，真心讚美他人是贏得好人緣的一個原則。所有的人都喜歡受到注意並且受到讚美，林書豪的賽後態度就是最佳寫照。

好人緣是成功者的致勝關鍵之一，因為人緣越好，事情就越好處理。成功者的人際關係總是八面玲瓏，甚至讓他人主動幫忙，究竟祕訣何在？

　　在我們認識的朋友當中，總有一些人會特別容易吸引新朋友或顧客群。這樣的人，總令你不禁感嘆地說：「他總是能把人吸到自己身邊來！」真是一句妙詞，一語中的。

　　生活是眾人的舞臺，你我他每個人都同時扮演著不同的角色，又不停地變換著角色，各個角色之間更時時進行著不同的人際互動。

　　在美國，曾有人針對兩千多位雇主做過這樣的問卷調查：「請查閱貴公司最近解雇的三名員工的資料，並回答解雇的理由是什麼。」結果顯示，各個行業的雇主有三分之二的答覆都是：「因為他們與別人相處不來而遭到解雇。」

　　許多成功的商界人士都意識到人際關係對於成功的重要性。曾任美國某大鐵路公司總裁的史密斯（A. H. Smith）說：「鐵路的95％是人，剩下的5％才是鐵。」美國鋼鐵大王及成功學大師卡內基經過長期研究得出結論：「專業知識在一個人的成功因素中，其作用只占15％，而其餘的85％則取決於這個人外部的人際關係。」

　　所以，無論你從事何種職業或專業，學會處理人際關係，你等於在成功路上多走了85％的路程。無怪乎美國石油大王約翰‧洛克菲勒（John Davison Rockefeller）說：「我願意付出比天底下得到其他本領更大的代價，去獲得與人相處的本領。」

　　凡特立伯在擔任紐約銀行總裁時，當他想雇用任何一名高級主管時，第一步就是探聽他是否有良好的人際關係。

　　吉福特原本是一個沒沒無名的店員，後來快速晉升為美國電話電報公司的總經理，他常對人說，良好的人際關係在一切事業中占有舉足輕重的地位，正是他和上司、同事相處時的絕佳親和力，使他遇到拔擢他的生命貴人。美國某知名科技產業有一個經理的職缺，董事長準備從現有的主管中提拔才德兼備者，替補其缺位。在會議上，董事長提名了兩名候選人請董事們決定。然而，董事們都沉默不語，個個一副欲言又止的樣子。會後，董事長私下瞭解，才發現這兩名候選人都令董事們不滿意。一位候選人特別善於奉承，愛幫有地位的人戴高帽子，而與基層職員們的關係卻很不好，儘管他的業務能力很強，卻不適任；另一位候選人雖有博士學位的高學歷，表面上看來和同事們相處得很融洽，卻很喜歡建立派系製造「小團體」，對小團體外的員工相當冷漠。董事長從員工口中查明屬實之後，決定不提拔這兩人了，後來外聘了一位處事風格合宜的經理。

　　當媒體在大讚林書豪的時候，他從來不會忘記讚美他的團隊，他打的是團體戰，完全不獨享的豪式謙虛，在球場上不斷傳球出去，幫隊友創造出得分機會，營造團隊士氣，是尼克隊連續贏球，表現越來越好的因素之一。同時也為他自己贏得更多隊友的支持及好交情。所以不妨也試試這樣對待你的同事，或者在得到榮耀時做類似的事。

所以，即使專業能力再強，若沒有圓融的交際手腕，也只能發揮「事倍功半」的效果。一個成功者在實踐目標的過程中，人際關係的好壞是決定性的關鍵指標（KPI），因為它代表著你和其他人的合作程度，以及辦事時的協調能力。

處理人際關係的能力除了對於實踐目標的個人而言相當重要，對領導者來說更具有龐大的影響力，比如一家公司在技術研究和開發（R&D）方面，溝通和說服他人也是決勝關鍵。以公司開發出一項先進技術為例，要將之變成產品，首先要說服公司的決策階層。

除了要準備詳盡的產品建議書，搭配精彩的報告和現場展示，更要能讓領導者相信其技術對公司大有裨益，使決策層相信即將開發的產品能在市場上取得領先地位。然而，這都需要我們具備處理人際關係、自我行銷以及影響他人的能力。

別以為只有負責某些特定職務的人才需要人脈、搞好關係，事實上，不管你處於什麼位置，人際關係的重要性經常高於專業能力，因為現代事務環環相扣的特性，需要各種專業領域的緊密連結，沒有一個人能夠單打獨鬥，別人的協助永遠是不可或缺的！

有些人始終不明白處理人際關係的重要性，他們認為只要低頭耕耘，無須討得他人歡心，總有一天定能出人頭地。事實上，忽略集體觀感的重要性，必將使其敗退而歸。所以，在你的能力範圍內，主動幫助他人，是累積人脈資產並完成目標的雙贏作法，因為欠你的人越多，日後回饋的人就越多。

處理人際關係的四項準則

擁有良好的人際關係絕對不是一件容易的事，一方面要使他人接納自己又不會心生嫉妒；另一方面又要獲得賞識而不互相猜忌，確實需要處世圓融、面面俱到的技巧。

踏出校門的社會新鮮人，往往會感到職場過於複雜，自己的單純容易被人利用、欺騙。的確，在爾虞我詐、明爭暗鬥的社會裡，誰也不想落後，所以排擠他人、暗箭傷人也就如家常便飯、習以為常。因此，在任何環境裡應當廣泛接觸各階層的人，廣結善緣，切莫恣意行事，應在瞭解和尊重他人的個性後，包容對方的缺點。

當然，無論多麼擅於處理人際關係，有多大的容忍度，也無法盡如人意、讓所有人都信服。所以與他人相處，宜力求和諧團結，不必勉強適應每個人，正所謂「道不同，不相為謀」；即使不能與一部分人相處融洽，也要避免與人結怨，要盡量維持互動上的和諧，畢竟「多一個朋友就多一條路，多一個敵人就多一個絆腳石」。

以下簡單介紹四種增進人際關係的簡易方法，幫助你在人際關係中遊刃有餘：

1. 誠心讚美：

每個人都希望被肯定和讚美，讚美別人就是放大別人的長處，肯定對方的個人價值。讚美還能維繫自己與他人的感情。特別是當與他人產生隔閡時，關心對方，注意和肯定他人的長

處，是消除這種隔閡最有效的方式。另外，對於自己不太熟悉的人，恰到好處的讚美，也會增加雙方的親密感，建立更進一步的人際關係。

當林書豪在比賽最後一秒投進致勝關鍵的三分球，打敗了暴龍隊之後，他說：「我喜歡壓力，我喜歡比賽的最後一刻，但是其實隊上也有其他人能夠得分的，我很感激最後一球是交給我來執行。」

學會尋找和發現別人的強項，無論是衣著打扮、工作表現、待人接物或個人興趣，用具體的話語如「妳這件上衣的顏色和裙子的搭配真完美」，或是「你的企劃案寫得真有創意」，會遠比「妳好漂亮」和「你真優秀」這種空泛的言語來得深入人心。

2. 同頻共振：

「同頻共振」是聲學中的一項規律，意即當聲波在另一處遇到相同頻率的聲波時，便能產生出更巨大的聲波能量，反之則不然。延伸到人際相處上，也具有相同原理，欲獲得絕佳人際，必定要創造與他人的共鳴點。例如當他人平步青雲、春風得意時，應為他歡呼喝采，發自內心的真誠祝福；當他人遭遇挫敗時，應有感同身受的心情，並給予安慰、支持與鼓勵；甚至觀察他人的興趣、發表正面的思想言論等，都能贏得良好的人際關係。

就如林書豪在網路上也曾表示：「這個球隊（尼克隊）真是支無私、努力付出的球隊，我真愛跟他們一起打球！神是如

此的美好！」這正是「吸引力法則」同頻共振的實踐。

3. 有容乃大：

人際交往上，難免會產生些許摩擦。因此，唯有寬宏的肚量，才能獲得左右逢源的人際關係。對於他人的錯誤，不應耿耿於懷，而要懂得原諒，懂得釋懷；對於他人的偏見，應捐棄心中的主觀意識，容忍對方的缺陷。

在《三國演義》中，由於作者羅貫中以蜀漢為正統、孔明為主角，周瑜被描述成才華洋溢卻心胸狹窄的人物。然而，根據研究史書後發現，周瑜其實度量寬大，人緣極佳！東吳將軍程普本與周瑜有嫌隙，但周瑜以其有容乃大的心胸，包容程普。長期下來，程普感受到周瑜為人真誠，並對其交往譽為「若飲醇醪自醉」，化解了兩人多年來的恩怨。

當林書豪在打敗湖人隊之後，記者讚美他比傳奇球星小飛俠布萊恩（Kobe Bryant）更優秀的時侯，他說：「感謝我的隊友搶下那麼多的籃板……我知道對手很好，我尊重他們、尊重Kobe，我就是盡力去打好每一球，與隊友一起打出自己的比賽」。因爆紅而常與小飛俠布萊恩被提及的林書豪，始終都抱持著謙遜與尊重的氣度，正是有容乃大的最佳寫照。

4. 主動幫忙：

人脈經營，最大的原則就是「主動」，大多數人遇到事情容易推託，但讓別人永遠記住你的第一要點，就是學習熱心並主動助人。放長線釣大魚的道理人人都懂，但大多卻無法貫徹始終，因為一般人往往看不出所謂的長期效益（In the long run, we all die?），所以，往往半途而廢。

　　事實上，只要投資心力在周遭人的身上，一旦建立信任感，即使是不經意的噓寒問暖，總有一天，將可獲得無以計數的回饋。踏入社會多年，並研究了那麼多成功案例後，我深深體會到人脈的多寡、厚薄，對一個人的發展有很大的影響力。所以，當面對未來感到無助時，如果周遭欠缺可以提攜你的貴人，或在重要時刻，能幫助自己的朋友實在不多，便要開始自省與深思，自己是否平日對於人脈的經營與投入不夠，找出關鍵在哪裡並致力改善！

　　經營人脈雖像是老生常談，卻往往是左右結局的樞紐。林書豪的機會，就是他的「豪人緣」替他帶來的，在總教練丹東尼的提拔之前，戰友「甜瓜」安東尼就已在教練面前推薦，所以在尼克面臨危機之時，丹東尼才決定任用林書豪。「那些不看好林書豪與安東尼共存的專家少胡說八道了，現在我們已經有非常優秀的控球後衛，安東尼回來，我們將更具威脅性。」中鋒錢德勒的發言已說明了一切。

　　想想，你確定你的朋友裡沒有一位林書豪嗎？你怎麼確定某位「小宇」或「小婷」沒辦法在某件事上助你一臂之力呢？我們習慣把人貼上標籤，就像是從外國人眼裡來看，林書豪來自哈佛、是個亞裔美人，看起來就是不太可能會打球。你對一些人已經先有偏見了嗎？那麼你會不會重蹈勇士隊或火箭隊教練的覆轍，讓貴人或是高手從你手中溜走了呢？

　　對生活感恩，是一種生活的感悟，它讓你懂得知足，讓你

對生活產生更多熱情，使你的內心變得幸福、快樂，使你由內而外地散發快樂的氣場。

　　林書豪說：「我還有很長的一段路要走，還有很多要學習與努力的地方。」其對籃球的熱情和努力，以及謙虛的態度讓他擁有好人緣，隊友們都喜歡和林書豪一起打球。能助攻、愛助攻、會助攻的他始終謙虛，從不批評任何人，每次在進球得分後，他總把勝利歸功給教練與其他球員，把榮耀歸給上帝！林書豪也越來越受尼克隊隊友們的喜愛。

有些人相信運氣，有些人相信奇蹟，但林書豪相信上帝！無論你相信哪一種，請記得隨時充滿著感激之情與感恩之心。

Share

成就他人，
就是成就自己

我想要幫助球隊，我不能想投就隨便出手。

——林書豪

「成就可以更大，只要不在乎功績歸誰！」看了許多林書豪的報導，越發覺得林書豪是詮釋這句話的典型佳例。他擁有絕佳的得分能力，卻甘願作為輔助隊友的助攻球員，以林書豪這樣年輕的小伙子，在這個人人都想當英雄的職籃環境下，實屬不易。他擴展了尼克隊的發展與整體價值的極大化，身為控球後衛，他努力提升自身在場上的效益，將得分的機會讓給隊友，自己則退居幕後作為助攻角色，乍看林書豪吃了大虧，簡直笨透了！然而事實並不是如此，林書豪的不居功絲毫未減弱「林書豪旋風」的強度，反而是他的謙虛與持續性成長被廣為注意，讓他無論扮演什麼角色，都依然是全球觀眾的焦點。

　　不僅如此，林書豪也讓總教頭丹東尼的戰術規劃更為全面，由林書豪開始，尼克的板凳球員開始受到注目，經由林書豪在助攻、控球、指揮等各方面的啟動角色，這些無名球員在球場上也逐漸嶄露頭角，並強化了尼克隊實力，使丹東尼在球員調度上更加靈活。林書豪「以退為進」的藝術，為尼克隊帶來了一番新氣象。

　　尼克隊的總教練丹東尼這樣稱讚林書豪：「林書豪會為我、為史陶德邁爾、為所有人創造機會，他讓隊友變得更好！」名人堂後衛魔術強森也稱讚他：「林書豪是那種可以幫助隊友、創造出進攻機會的好後衛，現在尼克的比賽很好看，它已成為一支令人興奮的隊伍，林書豪不只是傳球而已，而是幫助球隊團結合作，享受籃球的樂趣。」

沒有永遠的老二

　　星雲大師在一場吉隆坡的演講中，曾說過一句話：「要做成功的人，得從老二做起；不強出頭，隨緣隨分。」

　　板凳球員，是球隊當中的「老二」群，耀眼的永遠是先發，大多數板凳只能坐在場邊枯等漫長的48分鐘，這也讓大部份的候補球員，在練習場時顯得意興闌珊，但林書豪打破了這樣的低迷氣氛，他鼓勵其他同為板凳的球員振作，在他們表現好時給予祝賀。這樣的舉動不僅為他贏得好人緣，還激起板凳群的士氣。其實，每位NBA球員在業餘時期都曾是令人注目、欣羨的王者；在成為職業球員後，嚴苛的競爭環境讓許多超新

星紛紛黯淡下來，但這並非意味著實力不足，許多人僅是因為沒有得到表現機會。因此，林書豪了解自己不會永遠屈居板凳，他努力保持自身的競爭力，並在機會來臨時牢牢抓住，終於改變了自己的命運。

林書豪從老二群脫穎而出、吸引全球的注目之後，我們卻發現，他反而樂於繼續做一名老二，在贏球時永遠將功勞歸給隊友。他曾在媒體對他讚譽有加時以幽默回應：「這其實很容易，在尼克隊只要你將球拋高，自然有人能將球投進籃框。」這幾句話成功地讓榮耀從林書豪個人，流向了尼克隊整體，他不在乎個人成績，反而更樂於將成功的喜悅與眾人分享。

從古至今，人類社會總以「老大文化」的價值取向作為主流。似乎只要高人一等，就認為自己擁有壓制群雄的優越感，享受無盡的榮華富貴，甚至自詡為成功的代言人。然而，什麼都是第一，便代表自己達到目標、邁向成功了嗎？我想未必！人們會有這種思潮傾向，都來自於一句流傳已久的俗語：「寧為雞首，不為牛後。」因此，造成人們汲汲營營地追求「第一名」，認為第一就代表成功。從小在課業上，父母要孩子拿第一；報考學校時，「第一志願」的學校永遠列為首選；進入職場時，不僅要賣力擠入百大企業裡卡位，甚至還要在其中「出人頭地」，晉升至領導地位；若是做生意，更是期望能在相關產品領域中拔得頭籌。然而，成為「老大」就意味著成功嗎？不盡然也。事實上，只要善用「老二哲學」，成功往往就變得輕而易舉！

　　由林書豪的角度思考，身為控球後衛，綜觀全局、思考進攻戰術才是他的本職，而非得分。他曾說：「身為一個控球後衛，我出手投籃的次數太多，未必是件好事。」林書豪了解自己的職責，也樂於成就他人，因此他從不強出頭，而是傳球讓隊友發揮，在他眼裡，團隊合諧才能引出更大的成功。

　　林來瘋的熱潮從未隨著他的平均得分縮水而消退，因為所有人都明白他那為球隊著想的利他思維，退回老二的位置，反而讓林書豪更加閃耀。

反轉老大為勝的思維

　　老二哲學並不代表表現差勁，許多例子都可以作為證明。眾所周知，可口可樂一直在汽水界中獨占鰲頭，百年老二的百事可樂卻不必另闢蹊徑來超越可口可樂，只要見招拆招，把握出其不意，攻其不備的原則，可口可樂便難以招架。身為領先者的可口可樂，不僅身負將可樂推廣到全球的重責大任，還要提防緊跟在後的老二——百事可樂。百事可樂則無事一身輕，只要以逸待勞地跟著可口可樂環遊世界，你到哪裡發展我就去哪兒，你進行什麼行銷策略我就照著做，就是因為百事可樂始終維持老二之姿，使兩方平分秋色，在市場上不相上下，保持一不留意就可能超越的姿態，讓可口可樂喘不過氣，百事可樂又何嘗不是一個成功的老二呢？

　　就算是戰勝敵手，林書豪也不做老大，他會大方地讚賞對手的表現，即使自己就是勝利的推手，他也不居功，在尼克的

第一場比賽，林書豪便以優異的表現技壓籃網的明星控球後衛威廉斯（Deron Williams），但他並未因此貶低對方，反而肯定威廉斯的球技，於是在第二次交鋒時，威廉斯也以自己真正的實力回敬林書豪。贏球時，林書豪不刻意掩蓋對手的鋒芒；輸球，也謙虛地面對，這種不做老大的心態，對一個引領世界風潮的年輕人來說，實在是難能可貴。

在以往的傳統思維中，老大代表著權力，老二則代表著莫可奈何；但如今的思潮卻完全顛倒，老大代表著現在，老二則象徵著未來。未來往往會超越現在，這是不變的定律。身為老二有許多得天獨厚的優勢，例如後發制人的優勢、搭乘潮流順風車的優勢、減少錯誤的優勢、學習老大的優勢、差異化出擊的優勢……等。這些都是老二所能享受到的，而老大肩負起的責任與挫折，將永遠比老二來得更多，只要站在老大的肩膀上，不斷充實自己，以老大的缺點為借鑑，有時反而能比老大看得更遠。

🏀 具備甘居老二的心態

身為老二者絕對不會跟人硬碰硬，而會超脫名次的格局，更加著重團隊表現的層次。林書豪以球隊戰績為優先，不搶在隊友前接下光環（儘管他可以），就是這樣的態度，讓之後受傷回歸的主力球員安東尼，能與林書豪創造新的攻擊連線，有的報章雜誌用「豪瓜連線」來描述他們的默契，但讓人感到稀奇的，是這兩人都是主角，但他們以一主一從模式搭配，讓新

生的「豪瓜連線」增加尼克的進攻模式，一改過去的單打獨鬥。讓這種戰術奏效的前提，是林書豪甘於做為老二。如果兩人搶著爭功，彼此鉤心鬥角，將無法讓教練自由的指揮調度，更無法使尼克隊更上一層樓。

演藝界中，也有一個善用老二哲學的人，就是港星劉德華。雖被封為四大天王，但他從不自認為是第一。他在接受雜誌專訪時說過：「我是一個整體的藝人，你說我演電影是不是第一，我不是；你說我唱歌是不是第一，我不是。以上兩樣我都是第二，但就如同十項全能競賽一樣，加起來我就是第一了。我的水準大致上都很平均，只有把自己的事情做好，才能穩定自己在娛樂圈的成績。」即使他並非全能藝人，或在特定領域一枝獨秀，但在大眾心目中卻仍然保有非凡的地位。演藝生態向來大起大落，有些人可能當下紅透半邊天，但是否能繼續發光發熱卻還是個未知數。然而，劉德華深諳「老二哲學」的道理，懂得以老二之姿，闖出自己的一番天地，儘管出道數十載，依然是普羅大眾心中永遠的金馬影帝。

在傳統觀念中，第一名與成功近乎同義詞，也象徵成為眾所矚目的焦點。然而，要沉著穩健、稱職地當個老二並不簡單。當老二要懂得不能造次，但依然維持其存在的重要性，就像林書豪一樣，從得分的亮眼存在轉為輔助隊友的助攻角色；當老二要懂得襯托「紅花」，以顯現出「綠葉」的美，林書豪懂得退居人後，才增強了整個尼克隊的戰力。

老二哲學最重要的是「認清自己」，許多人總是因為放不

下至高無上的權力，以及想要爭奪第一的心態，致使自己傷痕累累，得不到想要的成功。反觀林書豪的作為，能在極盛時放下身段，永遠將榮耀歸於上帝與隊友。反而獲得球迷的支持、隊友的信任與教練的期待，同時他依然秉持老二哲學，在穩定中求進步，持續寫下新成績。甘作老二並非代表認輸，而是變換另一種思維、心態與觀點，在不產生衝突的前提下取得更多、更大的勝利！

偶爾耍笨才是真聰明

　　一個人的完美、博學、直捷、靈巧、善辯等性格，表現到了極致便會顯得咄咄逼人，形成成功的阻礙，此時就要善用這種「無為而無所不為」的智慧，以「大智若愚」磨平這些優勢過分尖銳的稜角，以柔弱勝剛強，以圓滑抵成功。

　　大智若愚的假糊塗是最難得的境界，因為世上沒有人願意成為笨蛋。當聰明人很難，承認愚昧也很難，但最難的莫過於「用聰明偽裝糊塗」；常人往往喜歡自作聰明、逞巧鬥智，結果非但無法獲得讚譽，反而招來厭棄。所以《論語・公冶長》中孔子讚美甯武子：「邦有道，則知；邦無道，則愚。其知可及也，其愚不可及也。」盛世時表現賢達不難，但在亂世之中假裝愚昧無知，卻不是人人都能做到。糊塗人難得聰明，聰明人又難得糊塗，處世守身之道，莫貴於聰明中帶一點糊塗。

　　林書豪的大智若愚，也是讓人欽佩的原因之一。原與他同是板凳球員之一的隊友諾瓦克（Steve Novak），在對騎士隊的

比賽中上場了17分鐘，並在林書豪的助攻下奪得了17分，成為當場球賽最活躍的球員。當賽後接受訪問時，林書豪輕描淡寫地裝糊塗，將功勞毫無保留全推了出去，也讓媒體的焦點全部轉移到諾瓦克身上。

林書豪在全球爆紅後，許多媒體都對這個拯救尼克隊的人深感興趣，但每每想從林書豪口中挖取一些新聞，都被他用溫和的幽默帶過，林書豪甚至會強調隊友的實力堅強。他更說道，是因為尼克隊其他隊員的拉拔，才讓他『看起來』很厲害，這是令人敬佩的謙虛態度，或許有些人會認為他真是不聰明，不懂得抓住在媒體上成名的機會，但在更多人眼裡，這才是為NBA注入新氣象的清流。

林書豪以淡泊名利的心贏得其他球員的尊重，所以當他輸球時，布萊恩公開為他打氣，認為他一定能再取回勝利；尼克輸給熱火時，韋德也以欣賞的態度道出他對林書豪的肯定，這些誇獎都並非偶然，而是林書豪平日所展現出來的謙讓低調所使然。

成功者的積極進取必須訂定上限，對事可絕對人不可絕（故吾人常曰：「對事不對人」通常指的是不太好的事！若是好事，當然可以「對人不對事」！），自己破釜沉舟，但要替別人留下退路。「大智若愚」愚的是性格而非智商，愚的是態度而非方法，並且愚得聰明、愚得漂亮，愚出「雙贏」的皆大歡喜，讓眾人真心祝福你的努力，心甘情願成就你的成功。

⚫ 外愚而內不愚，大愚之中藏大智

上乘武學「醉拳」的出招要領在於：手握酒杯，仰脖而盡，身子東倒西歪，步履輕飄虛浮，讓敵人於漫不經心之際，鼻樑突著一拳，尚未回過神來，眼額又遭一腿；當其終於醒悟這絕非是酒鬼的「歪打正著」之時，已身受重創而無還手之力了。這正是結合虛實的欺敵妙招，以「裝瘋賣傻」之「虛」，行「借力使力」之實。「裝醉」之人表面上看來踉踉蹌蹌、不堪一擊，卻在醉醺醺之中暗藏堅實。假愚者，是「外愚而內不愚」，「愚」是「愚」在毛皮小事，而「精」卻「精」在節骨眼上，事關全體大局。能將這種智慧巧妙挪用、臻至化境者，成功將形同探囊取物。

醉拳之姿，看似柔實則剛，林書豪的作風正符合這種意象。籃球是重視團隊合作的運動，他知道「成功不必在他」，因此他只想做好控衛的角色，樂於分享球權，助攻讓隊友得分。他的謙虛是柔軟的外表，不居功的態度襯托其他隊友的成就，但是，他卻沒有被觀眾忽略，少了得分，大家依然為了他的助攻表現而瘋狂，不僅如此，隊友、教練也更樂於與他合作，建立更佳的默契。眾人都願意相信他對比賽走向的判斷，並搭合展開攻勢。丹東尼的夫人稱讚林書豪：「他的表現讓所有人都相信他，他讓這支球隊找回信任，球員們真正喜歡彼此。」

懂得裝假者絕非傻子，顯得木訥憨厚有時是最高智慧者才

能為之。許多時候，要想受到別人的敬重，就必須掩藏你的聰明。真正聰明的人，往往聰明得不露痕跡。

　　二次大戰初期，德軍長驅直入攻進蘇聯。在此生死存亡之際，曾在一次大戰與蘇維埃「革命」戰爭時期馳騁疆場的老將們，如鐵木辛哥、伏羅希洛夫、布瓊尼等，首先挑起前線指揮的重擔。但面對新的形勢，他們漸感力不從心。時勢造英雄，一批青年「學院派」軍官，如朱可夫、華西列夫斯基、什捷緬科等，相繼脫穎而出。在這過程中，老將們的心裡難免有些顧慮與不快。1964年2月，蘇聯元帥鐵木辛哥受命去波羅的海，協調軍事行動，什捷緬科（Shtemenko）作為他的參謀長同行。什捷緬科早知道這位元帥對「學院派」的人抱持懷疑態度，心裡有些芥蒂，但只能默默服從命令。

　　等上了火車，吃晚飯時，鐵木辛哥便對他發出連珠炮似的痛罵：「為什麼派你跟我一起去？是想來教育我們這些老頭子，監督我們的吧？白費力氣！你們還在地上爬的時候，我們已經率領著成師的部隊在打仗，為了建立蘇維埃政權而奮鬥。你軍事學院畢業了，就自以為了不起了！革命開始的時候，你才幾歲？」這番教訓，已經近乎侮辱。但什捷緬科卻老實地回答：「那時候，剛滿十歲。」接著又平靜地表示對元帥非常尊重，準備向他學習。鐵木辛哥最後說：「算了，睡覺吧。時間會證明誰是什麼樣的人。」

　　他們共同工作了一個月後，在一次晚間喝茶的時候，鐵木辛哥突然說：「現在我明白了，你並不是我原來認為的那種

人。我曾以為，你是史達林專門派來監督我的呢！」後來什捷緬科被召回時，心裡很捨不得和鐵木辛哥分離。又過了一個月，鐵木辛哥親自向大本營提出要求，調這個晚輩與他共事。

什捷緬科在受辱時裝傻，不和鐵木辛哥正面對衝，體現了後生的謙卑及對長輩的尊重，是大智若愚的表現。

以新人之姿在全球掀起風潮的林書豪，在面對媒體時，永遠以謙和的態度面對，贏球時從不跑在前頭，輸球時卻衝得比誰都快，肩負責任，不取功勞，讓他在NBA當中贏得許多人的尊重，林書豪自己曾表示，在進入NBA之後，有許多人替他打氣，甚至連素未謀面的球員都會來鼓勵他，面對這一切，他感謝所有的人與上帝，但是，一切其實都是他自己塑造出來的，贏球時不顯擺招搖，讓對手印象深刻；輸球時勇於承擔、替隊友緩頰，這些作為讓他處在和樂的環境，也增強了尼克整體的實力。

大智若愚，實乃養晦之術，重在一個「若」字。虛構糊塗單純的外在印象，掩飾內心的清明聰慧，這種甘為愚鈍、甘當弱者的低調做人術，實際上是精於算計的隱蔽，鼓勵人們不求爭先、不露真相，低調做人、高調做事。低調做人是一種收斂，也是自我修煉；高調做事則是一種精益求精的風格，一種執著追求的精神。高調做事可展露才能，低調做人則迴避構陷，在虛實之間迂迴前行，暖暖含光，等到抵達安全之境，再讓個人的成就得到最大的綻放。

林書豪之所以能讓全球人不分國界地喜愛，全在於他深諳

如何取得低調與高調間的平衡，為人低調的他，讓球隊更加團結，創造出許多精采的得分畫面，任何一個球員若是少了隊友的配合，根本施展不出才能。當我們在比賽中看見尼克眾球員與林書豪展開一個又一個默契十足的配合時，也要看出其中隱藏的涵義，總是不頂上光環的他，抓住了隊友的心，也成就了自己在控球後衛上的表現，是低調的人生哲學，造就他高調的豪小子旋風。

吃虧是福，帶來雙贏

吃虧不一定是「吃苦」，有時候反而能為我們帶來雙贏，甚至三贏的局面。吃虧是成功者深藏若虛的表現，更是以退為進，以小犧牲成就大抱負的關鍵心態。

真正聰明的人不但不怕吃虧，反而會從中透悟人生的大智慧。路遙知馬力，日久見人心。一個團體最後的成就往往會歸功於那些願意吃虧、肯埋頭苦幹的人。反之，若不願吃虧，堅持與他人齊爭鋒頭、較量高下，可能往往會得罪他人，甚至換來欺凌與報復，從吃虧淪為更嚴重的「吃苦」，反而得不償失；再者，不願吃虧的人往往易於畫地自限，不肯「go extra miles」（比別人多做一點點），雖然避免了吃虧的損失，但同時也限制了成就的規模。

天下不可能事事都絕對公平公正，只要稍微「轉念」，就能領悟到我們其實無須對某些事情耿耿於懷、斤斤計較。當然，吃虧的同時你往往會有些微損失，但很有可能你會因此而

得到更多！

　　人生其實是由不斷的妥協歷練而成，吃虧並不代表自己怯懦，反而往往會帶來雙贏，達到和諧的最高境界。中國信託執行副總林博義說：「人生最難的事不在『進』，而在『退』。懂得抓住『退』的時機，才是高明的藝術。」成功者往往就是最懂得吃虧這門藝術的人，懂得採用以德報怨的策略與敵人握手言和，最終化敵為友。

　　林書豪在發展聯盟時的低潮，其實正是他扭轉奇蹟的動能。在得知要被下放的當晚，他哭了，進入NBA籃壇，就算他無法立即成功，但也不願經歷下放的這種大失敗，說得好聽，是讓你去發展聯盟磨練，講白一點，就是「你不夠格」這四個字，無法戰勝這種想法的他，在日記中寫下了恐懼。

　　低潮，能讓勝者挫敗，信念，能讓敗者創造高潮。林書豪的信念，來自於他虔誠的信仰，《聖經》讓他明白每一個境遇，都是上帝給自己的禮物，榮耀不屬於自己，失敗也不用放棄，因為那是上帝在成就你的過程。信仰讓他轉念，把下放與失敗等境遇看作難能可貴的學習經驗。在勇士隊期間，雖然他投入練習的積極態度讓教練史馬特（Keith Smart）印象深刻，但史馬特也坦言，當時的林書豪，投射、控球等等的能力都還不足，因為這樣的現實，讓林書豪成為球隊的雞肋球員，只有在無關比賽勝負的時間才有機會上場，慘澹的個人成績，讓他面臨下放發展聯盟（NBA二軍）的境遇。

　　藉由信仰找回自我的林書豪，在成功轉念之後，便把在發

展聯盟的時間看作磨練，就如《聖經》所言，在患難中依然歡喜，以這樣的態度看待一切，反而成就他身為控球後衛的觀察力與全面的視野。

　　一則小故事能讓以『退』為『進』的藝術更加具體化，戰國時期，魏國南方與楚國接壤的偏遠地帶有一個小縣，由魏國大夫宋就在此擔任縣令。就在魏楚兩國交界處，兩邊的村民都以種瓜為副業，這一年（可能當時就有聖嬰現象）平均雨量相當少，瓜苗都長得不好。魏國這邊的村民每天晚上都集合起來挑水澆瓜，瓜果很快就長得肥美起來，有些楚國這邊的村民，便會在夜裡潛進魏境偷瓜。

　　魏方村民去跟宋縣令告狀，並向官府報備欲行報復。宋縣令極力反對村民們去報仇，他說：「報復只能稍解心頭之恨，楚國的村民也不是每個都是偷瓜賊呀！若你們胡亂報仇，難道對方不會反擊嗎？如此冤冤相報何時了？而且偷瓜很容易殃及其他還沒長好的瓜苗，若你們相互復仇，最後大家的收成都不會好！」

　　魏國的村民忿忿地問：「那我們該怎麼辦才好呢？」

　　宋就說：「這樣好了，你們每天晚上挑水澆瓜時，順便也幫楚境的瓜田澆一澆！相信我，最後一定會產生好的結果。」

　　由於宋就是縣令，村民們只好勉為其難地照著宋縣令的意思去做。一段時日之後，楚境的瓜也漸漸長得和魏境一樣豐美。楚國村民感到奇怪，集體守夜想要查明真相，居然發現魏國村民為楚境瓜田澆水的善舉。真相大白之後，楚國村民感動

得不得了，那些曾經去魏境偷過瓜的人，更是慚愧得無地自容！當然，從此以後偷瓜事件也就銷聲匿跡了。此事後來被楚國縣令知道了，他便將此事上報楚王，楚王本來正準備整軍經武「進出」魏國，得知此事後，覺得不宜在此時與魏國開啟戰端，只好向魏國示好，並送去不少禮物，其中一部分禮物指名要給宋就。此事傳到魏王耳裡，也增加賞賜給宋就，後來宋就很快破格擢升到中央，此事可謂三贏。

華人首富李嘉誠曾說：「有時候一件看似很吃虧的事，後來常常會變成非常有利的事，所以吃虧往往可能是福氣。」以職場生態言之，每個工作，甚至於每個環節都要有人負責，有人只負責自認該負責的事，也有人想方設法規避工作上的難處，也有人滿腦子想著如何明哲保身。只有不怕吃虧的人願意嘔心瀝血地把工作做好，哪怕會蒙受一時的不白之冤；無論是燙手山芋或是雞肋任務，皆勇於出手承擔。

在尼克面對騎士的比賽中，當第一節還剩兩分多鐘的時候，騎士隊針對林書豪展開包夾戰術，意圖轉變隊伍的守勢；在這樣的強烈企圖下，騎士的小前鋒凱斯比（Omri Casspi）在抄球時不慎打到林書豪的鼻樑，當場鼻血四濺，使他不得不暫時下場。在休息了六分鐘後，林書豪重新回到場上「當責」，並帶領尼克隊打贏了這場比賽。賽後，他完全不提凱斯比的那一擊，也不計較，而是讓媒體和球迷把焦點放在球賽、尼克隊本身，而非擦撞流血事件。

另一個讓人敬佩的例子，是有「小飛俠」之稱的布萊恩，

儘管在首次與林書豪交鋒後遭到媒體調侃，布萊恩依然是眾人敬佩的對象。在明星賽時他被韋德（Dwyane Wade）撞斷鼻骨，但他在賽後受訪時依然替韋德緩頰，表示韋德絕不會故意傷人，強調那只是單純的無意識犯規。林書豪與布萊恩這兩個NBA明星都具有同樣的特質，在吃虧時不計較、不以怨報怨。

林書豪的吃虧哲學，讓我們看見柔軟謙虛的心，能造就更大的致勝環境。他在困頓時接受考驗，提升實力；在順遂時退居人後，擔負起在後方支援隊友的重責，形式或許不同，但能吃虧的本質卻同樣讓人印象深刻。

想要成功就要學會「耍笨」，在適當的時機糊塗得恰到好處，外表裝做什麼都不知道，但內心心知肚明，就能與人為善，避免招嫉、防止樹敵。暫時的吃虧，可能是長期的「吃補」，微幅的讓步，可能因此伺得佳機浮世而出，看到更為廣袤的藍天！

用腦打球，
瞬思力全面啟動！

林書豪的傳球視野不會縮水，他的速度不會縮水，他理解
比賽的能力不會縮水，一切只會更好！

——尼克總教練丹東尼

身為一名控球後衛，林書豪在球場上身負組織全隊進攻的重責大任，他需要在恰當的時間傳球給隊友，當有適當的投籃機會，則必須果斷出手。綜觀NBA各球隊，控球後衛往往由具有良好傳球技術及敏銳觀察能力的人來擔任，甚至可以說等於一隊的靈魂。

相較之下，林書豪雖然在體格、爆發力上比西方球員處於劣勢，卻擁有其它NBA球員沒有的極高籃球智商，每當他拿到球的那一刻，在哈佛四年洗禮下獲得的判斷力能夠立刻告訴林書豪，究竟是自己出手、還是助攻。

籃球場上，戰局瞬息萬變、刻不容緩，稍有猶豫或遲疑，

就會讓得分的機會白白溜走，正因林書豪掌握了速度與瞬思力，終於帶領尼克隊打出七連勝的佳績。

與競爭對手之間的距離，短則毫釐，長若千里，然而一旦落後於時間的輪軸，勝敗幾乎就此底定。生於現下，我們不僅立足於全球速度激升的時代，更身處加速度全面勃發的戰場，「持續變快」已不敷需求，還要讓每次「變快」的幅度都超越以往，才能穩挾速度優勢，笑傲廣湛藍海。正如當前奧運計時的精準程度已臻至千分之一秒，成敗如何歸屬，就端視個人如何運用知識與經驗，決定這段「轉瞬之間」。

曾有一名工程師，在某間公司工作三十多年後退休。

數年後，該公司的一套機器發生故障，上至高階經理，下至基層員工，經由十數日的摸索與研究，仍然完全無法找出問題所在。絕望之中，他們只好尋求這名退休工程師的協助。

工程師仔細端詳了機器些會兒，從上衣口袋取出一枝粉筆，在一個小零件上畫了一個大叉叉，說：「這就是你們的問題。」

相關人員立即將該零件汰換，機器果然運作如常。不久之後，公司卻收到一張100000元的帳單，正是這位退休工程師的索價。老闆相當不悅，認為一個小時不到的時間值不了這麼多錢，便要求對方交出索價明細。

這位退休工程師的回函是：「粉筆，1元；知道在哪裡畫粉筆，99999元。」

正是這名工程師三十年來累積而成的「瞬思力」，造就了

他無可取代的非凡身價！

「瞬思力」，即所謂瞬間思考能力，能夠在須臾之間快速作出判斷與決策的本事。決定工程師畫下粉筆的瞬間，就是數十年來工作知識與危機處理的經驗運算，這個繁複的機制沒有邏輯可循，更不為外人所見，卻往往以驚人的速率「靈光乍現」。

如同每個球隊的控球後衛，人們往往不以得分高低，而是以助攻次數做為評判一個控球後衛成功與否的指標，原因無他，在判斷運球、傳球、出手的每一個過程中，都包含了一個球員長年下來養成的判斷力與智慧。控球後衛的行為決定了整個球隊的進攻套路與比賽步調，不論是抓準一秒的空檔射籃，或是在隊友就定位的瞬間傳球，每一個決定除了遵循累積多年的經驗外，更仰賴迅速反應的「瞬思力」。

具備瞬思力的人才正是知識管理的核心關鍵，藉由瞬思力將經驗與專業進行全面整合，進而規劃、評估、流通與創新，即可迅速提升與交流各層面知識的綜效與價值，並得以系統化地拓展與傳承。

經驗創造瞬思力

美國知名暢銷作家麥爾坎・葛拉威爾，在其著作《決斷兩秒間》（Blink），即在探討「瞬思力」如何透過經年累月的孕育，在人類的智慧裡苗長，在潛意識裡蟄伏，靜待關鍵時刻一躍而出；就像運動員不需思考即能準確地揮拍擊球，把「專

業」鑲嵌在「本能」之中，隨攜隨用，創造個人獨有的核心價值。

　　瞬間思考與審慎決策之間非但毫無衝突，甚至須由無數次審慎決策的過程構築而成。「瞬思力」高度濃縮審慎決策，從鎖定問題、情勢分析直到對策擬定之間的複雜程序，建制出一座腦內資料庫，只須輸入某種問題指令，解答即能呼之欲出。

　　長年燒菜的家庭主婦，不須量杯即可放水加鹽，炒出生熟適中、鹹淡合宜的美饌佳餚；看診多年的醫師，不須次次重演望聞問切，即能判斷病患何處機能失常；經驗老到的果農，不須敲打剖切，即可斷言水果是否鮮美多汁。正如神經機制中的反射作用，遇燙縮手、見光縮瞳，壓縮反應時間，除了降低傷害發生，更能爭取時效，在最短時間內孵育最精鍊的成果。

　　在面對湖人隊的那場比賽中，林書豪利用最精確的判斷力，完美地控制了比賽節奏，當對手在內線收縮防止切入，他選擇遠投出手；當對手以多人包夾，他則果斷傳球給隊友得分；當對手阻斷他與隊友的傳球路線，則冷靜防守等待反擊，接連打破了對手的如意算盤，使湖人隊無計可施，其對戰局的理解能力、對戰況的反應速度，令全球球迷嘆為觀止。

　　理論千人可讀，經驗萬人可練，然而瞬思人才卻往往只能萬中選一。瞬思力固非一蹴可幾，然而一旦練成，就成為能隨時應戰的沙場猛將，在瞬息萬變、刻不容緩的新時代裡遙遙領先。誠如能敏銳洞察周遭環境以應變的狼，是公認最具瞬思力與即戰力的動物。號稱萬獸之王的獅子與行動最為敏捷的豹，

都是在捕殺獵物之前先擬定策略再發動攻勢，但狼卻會在獵捕過程中依其形勢轉換目標。例如同樣是獵捕羚羊，獅子與豹會先觀察其習性再行出擊；而狼卻是在追趕羚羊的過程中，耳聽四面，眼觀八方，留意周遭無所防備的獵物，並及時轉換目標，有如囊中取物般輕而易舉。狼沒有獅子強壯，沒有豹的行動敏捷，更沒有鷹的眼光銳利，但其瞬思經驗與敏銳的行動力堪稱一絕，因此成為蒙古梟雄成吉思汗的代表，以及游牧民族世代膜拜的圖騰。

當與暴龍隊的比賽進入倒數讀秒階段、兩隊以87比87平手時，只見持球的林書豪不疾不徐，先是回頭示意教練毋需暫停，再以手勢指揮隊友跑位；等計數器進入倒數3秒，防守球員認為他不可能再進攻，而鬆懈下來時，林書豪忽然拔地躍起，一記三分球長射入網，令全場剎那間歡聲雷動，而暴龍根本沒有任何時間可以反攻了！這正是長年鍛鍊的「瞬思力」得到最大發揮的結果。

聽過「哈德遜奇蹟」嗎？這是發生在2009年1月15日的美國，一架全美航空客機（U.S. Airways）在紐約布朗克斯市區上空，因疑似遭到鳥擊，兩具引擎全部停擺；擁有四十年飛行經驗的資深機長蘇倫伯格（Sullenberger），在起飛到決定迫降的寥寥數分鐘之間，冷靜而迅速地想遍所有應變管道，卻發現飛機可能無法撐持過久，最後緊急回報塔臺，以九十度大左轉迫降哈德遜河。

在水面迫降必須冒著極大風險，然而蘇倫伯格憑著先前的

滑翔機飛行員經驗,以274公尺高度的低飛,挾高超技術緊貼河面滑行,奇蹟般地將飛機迫降在水面之上;在零下8度的低溫之中,機上155人全數獲救生還。

蘇倫伯格的瞬思力,是他四十年智慧結晶的爆發,不僅讓他本人,以及機上百名乘客獲救,更避免了飛機撞上曼哈頓市區可能造成的不堪後果,獲得了全球矚目的「英雄」美譽,更受邀參加當年美國總統歐巴馬(Barack Obama)的就職大典。

培養即戰力的五個關鍵

危機爆發不見得有跡可循,但個人能量的爆發卻可以聚沙成塔;它絕非天才或英雄的獨享天賦,而可以透過學習和累積而逐步提升。僅憑亦步亦趨的「執行力」永遠無法脫穎群倫,只有身擁迅速執行的「即戰力」,方能創造分殊、展露獨特,讓自己不畏人才濟濟的廝殺爭逐,大嘆「舍我其誰」。

林書豪出身名校哈佛,在學術風氣的陶冶下,培養出冷靜的判斷與獨立思考之能力,能夠在遭遇抉擇時做出最正確的決定。進入NBA後,僅管身為一名不得志的板凳球員,林書豪仍然把握每一場比賽;當上場時,他努力磨練膽識與抗壓性;當無法上場時,場邊觀戰的他照樣用心觀察兩隊球員的技術與球風。兩者相乘,終於造就了他在場上極佳的臨場反應與全場視野。

回顧中國數千年歷史,其中最強的兩支軍隊,當屬蒙古鐵騎與女真騎兵。蒙古鐵騎西掃歐亞、南滅金宋,釀成十三世紀

令人聞風喪膽的「黃禍」，不僅個人戰鬥力卓絕，團體紀律與武器裝備更是不落人後，分則靈躍難以料勢，合則威猛莫之能禦；有「女真滿萬不可敵」之譽的女真騎兵，更是創造了無數以少勝多的軍事典範，在當年完顏阿骨打率領之下，以不滿五千之師，大破遼軍十萬人；除了成為對宋朝摧枯拉朽的惡夢，其後代子孫更繼元代成為第二個破關入主中原的外族（清朝）。

促成兩師所向披靡，擊破規模迷思，創造以小搏大奇蹟的關鍵，正在於「速度」二字。蒙古與女真皆為北方游牧民族，兵牧合一，在生產組織與軍事組織的完美結合之下，秣馬同時厲兵，積累出牧場即為戰場的「即戰力」，不僅不畏偷襲，反而善於偷襲，在轉瞬之間攻其不備，大竟全功。

反觀中原華夏民族，世代以農為本，大戰之前必須整兵備馬、張羅後援，所謂「大軍作戰，糧草先行」是也。但徵集並運送大量糧草往往耗時經年累月，不僅易於打草驚蛇，喪失突擊優勢，倘若遇到外敵偷襲，更容易措手不及，潰不成軍。

前往目標的途徑，都是由不同的戰場拼組而成，面對每一場未知的即席戰役，戰前預備都是空想，只有隨時全副武裝、枕戈待旦，在最短的時間內綻放最完美的戰績，才能打造自身的無可取代，拉近航向成功的距離。

培養迅速執行的即戰力主要有五個重要元素：

1. 培養足夠經驗：

由前述例證可知，「經驗」絕對是瞬思力與即戰力的堅實

後盾，不可能一蹴而幾。沒有經驗，就像尚未安裝任何軟體的電腦，沒有文字編輯軟體可以編寫文件、沒有收信軟體可以對外聯繫、更沒有瀏覽器可以搜尋資訊，非但不是「萬能」，甚至會落得「萬萬不能」。因此「即戰」目的的達成，絕對要有豐厚的經驗或模擬演練之加持。

2. 精選資訊品質：

人類的腦袋宛如海綿，在知識的不斷加諸之中而漸趨飽滿，但它很難區分液體的種類，汲取的可能是果汁、可樂，也可能是白開水。

瞬思力不會由龐雜的知識組成，只有與眼前的問題相關的經歷，才是需要瞬思力「瞬間提取」的資訊。因而，過多不必要的資訊非但不屬於「資源」，反而會成為判斷時的累贅，這些都需要個人適切的取捨。例如透過關鍵績效指標（KPI，Key Performance Indicator），掌握提升表現與績效管理的主軸，滌除其他不必要考量的紛擾。也就是說要可「割」可「棄」，才能邁向成功！

3. 平日即戰時的準備：

「機會是給準備好的人」，因而準備絕對是實現目標不可省略的步驟。然而這個步驟可長可短，當「準備」得以成為轉瞬之間的動作，離即戰力的養成就近在咫尺。所謂「戰」並不只意謂狹義的「困境」，它更廣義地泛指所有成功之途中可見的「機會」，即時應用自身唾手可得的即戰能力，就能在開疆拓土時節省不少虛耗的力氣。

回顧林書豪在NBA前一年半的期間，就算未曾受球隊重視，仍舊每日不懈地勤奮練球、維持個人競爭力，才得以在機會終於來臨時，一戰成名。

4. 小心偏見：

偏見乃是結合社會規範，打從幼年就在社會化歷程當中與人格同步發展的產物，因而當我們意識到被偏見誤導，卻往往已經難以捨棄。偏見也會在這個「靈光乍現」的瞬間貢獻一臂之力，這道力量是好是壞，則必須視情況而定。

例如偏見讓我們認定某些種族較為優越或較為劣質。所以在西方人眼中，如同勇士、火箭各隊對於亞裔球員的偏見，以致於造成林書豪長期無法在NBA中獲得應有的公平對待。然而隨著那些飽受汙名的種族漸漸嶄露頭角（黑人也可以成為美國總統），此時偏見就會成為瞬思力的絆腳石。

心理學上有所謂「預示效果」（Priming Effect）的概念，它指出我們常在日常生活中不知不覺地接收各種資訊，並且內化成為「潛意識」的範疇，這樣的過程連我們自己都難以察覺。因而當偏見在我們的意識中發揮作用，對某些事物預設立場，使我們做出誤導判斷的可能，即會高過於經過深思的客觀判斷。試想，倘若勇士、火箭兩隊能放棄對亞裔球員的歧見，就不致失去一名可用之材；倘若尼克教頭丹東尼能早日拋開對亞裔球員的成見，就不致讓尼克前半個球季戰績慘澹，這些都足以讓我們引以為戒。

5.扁平化：打破科層思維：

疊床架屋的科層管理（Hierarchy Management），就像串聯電路系統，只要其中一個燈泡出錯，就會使得整體系統無法運作；反之，扁平化的組織架構，則如並聯電路系統，不會因單一線路的功能失靈而全體崩盤，因而流程大幅壓縮，速率高度飛升。就像搜尋引擎龍頭Google的扁平化組織，幾乎每位員工的職銜都是「工程師」，任何創意都可直接上達天聽，因而能夠擁有轉瞬即發的思考力、即戰力與執行力。

因而，即戰力固然是一把成功金鑰，但它必須被鑄造成正確的形狀，並且清除各種斑汙鏽蝕，才能在關鍵時刻一舉得勝，輕巧轉開機會的大門，即時吸收外部資訊、迅速激發個人潛能，掌握成功先機，傲嘯人生戰場！

換位思考

不知讀者在打籃球的時候，是否遇過一種情形：明明自己處於無人防守的空檔，擁有絕佳的投籃機會，無奈持球的隊友執意進攻，不肯傳球，終於錯失了寶貴的得分機會？這樣子的人，我們可以說他無法成功做到「換位思考」，以致在球場上的視野不夠寬廣。

2012年2月8日，在結束與巫師的比賽後，林書豪被各家媒體拿來與同場較勁的敵方控衛、也是與他同年進入NBA的選秀狀元沃爾（John Wall）相比，除了比較帳面上的成績外，也比較兩人作為一個控球後衛的稱職程度。雖然林書豪攻下的13分

略遜於沃爾的21分，但整體命中率與助攻次數皆遠遠凌駕沃爾之上；這個結果讓美國媒體一片盛讚，認為林書豪不僅是「自己」一人得分，還能引導隊友得分，讓比賽成為一場「全隊」都在打的團體賽。

在人生舞臺上，每個人都扮演著若干角色，然而時時切換身分的我們，總會有困惑迷惘的時候，也許是和孩子相處出現了隔閡，或是認為另一半總是沒有盡到本分，又或者是在職場上的人際關係始終難以圓融……。這個時候，我們就必須學會換位，在心態上把自己設想為對方的角色，站在對方的角度思考，感受對方的艱辛與難處；體驗另類思考下的情感與思維，審視自我不夠周全、甚至過分偏激的一面。唯有邁開步伐走進對方的立場，才不會被自身角色所困，進而在人生的舞臺上成為一名輕鬆自如的演員。

生旦淨末丑，演繹舞臺百態；妻兒師親朋，品味人生萬象。角色是可以互換的，人可以在一個場景或一段時間扮演一種角色，也可以同時扮演多種角色，正是這種不斷變化的人生角色，才能解決人際面向的諸多問題，建構絢爛多彩的成功人生。

很多人總覺得「扮演別人的角色比較容易」，經常活在對他人的羨慕之中，然而事實真的如此嗎？做孩子就比做家長容易嗎？當老闆就比當員工輕鬆嗎？走出這個「生活的迷局」吧！用角色換位擺脫原本的思維、固有的角度，不再被表象矇騙眼睛、讓淺層的得失困惑內心。「換位思考」如同樹立在人

生航程中的一盞燈塔，它可以讓我們換種「角度」，在更好的位置看待自己、看待他人、看待人與人之間的關係和矛盾，從而明白「做自己」並不太壞，「做別人」也未必更好，滿足自己的現狀、瞭解他人的難處。

換位思考其實就是一種相互理解和溝通的有效方式，也是一個成功者應具備的心態模式之一。

在各種複雜的人際關係中，不論是與親暱的人產生分歧，或是與敵手競爭鬥智，「換位思考」絕對足以令我們對人生多一分悟性、對待人接物多一分領會，對周圍的朋友多一分諒解，對強敵對手多一分思慮，進而使自己少一些煩惱與挫敗，同時也理解他人的無奈和難處。

當隊友擁有得分機會，渴望獲得傳球時，林書豪從不吝於將手中的籃球拋出；而當隊友苦於對手包夾，無暇接應時，林書豪則當機立斷，射籃得分。他能夠揣摩對手的行為以進攻，能夠理解隊友的默契以助攻，這即是「換位思考」的絕佳應用。

宏碁（Acer）集團創辦人施振榮在接受《天下雜誌》特刊的專訪中便提到，自己在商場打拚四十年，面對再艱困的處境、再難相處的人，始終都秉持著「善解」的觀念待之，也就是站在他人的立場，往好的方面替他人著想：「我站在別人的立場想事情，會合理化他的行為，就算對方不能履行合約，也是他有困難，我能幫忙就盡量幫忙。」基於這樣的思考模式，讓他在競爭至上、爭名奪利的商業社會裡獨樹一幟，而宏碁在

他的帶領之下，現在已是全球坐三望二的電腦品牌。

「換位思考」更須在職場之中實踐，因為老闆及員工始終存在著亦敵亦友的關係，曾有人說過：「員工永遠都不會滿意自己的老闆」。身為員工，難免埋怨老闆嚴格小氣；身為老闆，又總認為員工偷懶散漫。此時，作為員工，就該站在老闆的立場，想像老闆投入巨資面對挑戰的種種風險，理解老闆運籌帷幄時的種種艱難。

「假如我是老闆」，這句話乍看之下，似乎象徵著呼風喚雨，然而，卻同時代表身為企業的最高決策者，必須忐忑地做出每個決定公司命運的抉擇；以及在員工眾目睽睽下處理公司遭遇的危機；加上在公司內部發生問題時，必須安撫眾人的勞心勞力……。

同樣地，作為老闆，站在員工的立場，要體會他們為工作奔波而付出的辛苦，員工們不可能立竿見影地達到老闆要求的高度與深度，有時員工做得不夠多，並不是因為懶惰；做得不夠好，並不是因為未盡全力，而是下一道命令可能只需要五秒鐘，但完成的時間卻可能需要五小時，而且還是在不發生任何意外的情況下，然而「不可預測性」正是很多工作必經的過程。當落實這種雙方立場的換位思考之後，更佳的職場互動必然指日可待。

「假如我是他」，既是一種思維換位藝術，也是一種不斷進取、挑戰自我的人生哲理。對待一個問題，因為每個人的具體情況不同，導致做出的判斷和認知也不同，誤解就應運而

生。

對換位置後，角色發生改變，感受也跟著不同，因而能夠切實瞭解相互間的感覺，尋得人與人之間的平衡點。一旦找到了這種平衡，很多負面的情緒就能夠消除，由此引發的矛盾也就能夠撥雲見日，雙方劍拔弩張的狀況亦得到紓解。

學著角色換位、用同理心將心比心，必能讓個人事業更順遂、家庭關係更融洽、工作氛圍更輕鬆、社會景況更和諧，讓許多困頓迎刃而解！

「瞬思力」是長年經驗修練而成的應變智慧，能在關鍵時刻助我們迅速做出正確決斷，善用短暫瞬間即時上戰，搶得成功先機。林書豪就擁有這樣的能力，他在球場廝殺的時候還能冷靜分析，知道什麼時候該投給什麼人抑或自己直接投籃，他能換位思考以協助各個同伴發揮所長，利用策略帶領球隊獲得勝利，而這也是他所以能在NBA中成為令人眼睛一亮的新星之原因。

Optimistic

正面思考，
積極開啟機會之窗

　　我進入NBA以來，總共被下放至發展聯盟4次，每次被下放都是籃球生涯的低潮，我只能告訴自己，來這裡是為了讓自己做好在NBA打球的準備，才能擺脫這種低潮情緒。

——林書豪

「**我**現在也能坦然面對這一切的冷嘲熱諷。如果我能讓其他的華裔孩子處境好一些，那我所做的一切都是值得的！」這是林書豪在面對種族歧視時的信念，不讓其他學生的言論成為自我評價的標準，在周遭的人都對他視而不見的時候，林書豪用肯定自我的正面心態面對，開創了進入NBA的道路。

　　積極的人感覺自己的命運操縱在自己手中，如果事情發展趨向不妙，他便迅速採取行動，尋找解決方法，擬定出新的發展與行動計畫，並且博採眾說之長。而消極的人則覺得自己處

處受命運的擺佈，因而遲遲不肯行動，認定自己無計可施，也不打算向他人求教或求助。

　　正向思考，為我們帶來樂觀、開朗的性格，我們不會苦無出路，正面思考帶給我們重新站起來的力量。樂觀的人，是從挫折中「發現希望」。隨時維持樂觀心態，也是林書豪邁向成功的一大原因。

　　每位NBA球員在其業餘時代都有過不凡的戰績，林書豪卻只是因為他是華裔球員而被小看了，因此在他一戰成名之前，他在NBA遭受到的待遇可說是他人生中最灰暗的時光，儘管遇到一連串的失意，但他始終都抱持正面的態度去面對。

　　先是在勇士隊球季訓練營開始前一天遭球隊交易出去，但他沒有抱怨只有感謝，在加入火箭隊後表示：「在勇士的時光是美好而短暫的，如今我加盟了火箭，非常興奮，感謝球迷一直以來的支持。」當他在火箭隊才上場兩次就再度被釋出而到了尼克隊，他說：「感謝尼克給我機會。我只想上場打球，沒有想太多，現在有機會出賽，就盡情享受比賽的樂趣。」從林書豪身上，可以看出積極態度所帶來的正面效果。在一賽而紅前雖然一直坐在候補的冷板凳上，但他並未放棄或看輕自己。由那場讓世人看見他的比賽看來，林書豪並未因自己是候補而鬆懈，也沒有為被球隊再三釋出的遭遇而打自己折扣，是他的態度改變了自己在球隊的位置，這告訴我們要在職業運動界立足還必須有積極正面的思維才能生存並發展。

　　美國賓州匹茲堡市卡內基美隆大學（Carnegie Mellon

University）的心理學家麥可‧沙爾說：「你的才能當然重要，但相信自己一定能成功的想法，也是決定成敗的一個關鍵性因素。」卡內基也曾說：「建立自信，相信自己終將成功。」積極的人與消極的人在遇到同樣的挑戰和挫折時，其採取的處理方式截然不同。

一個人的性格如何，與他到底能成就什麼樣的作為密切相關。狹隘、保守、自私者也許能夠達成目的，但卻很難大放異彩，因為他無法發揮成就大業者的個性——如樂觀、進取、開朗等這些讓人積極向上的正面力量。

哈佛大學的個案研究報告指出，具備開朗樂觀的個性對一個人的事業意義非凡，更是成敗的關鍵所在。

在一項專業課題研究中，美國賓夕法尼亞大學（University of Pennsylvania）的心理學家馬丁‧塞立格曼（Martin Seligman）和同事彼得‧舒爾曼（Peter Schulman），對人壽保險公司的業務員做了一項調查。結果，他們發現資歷較深的業務員當中想法較積極的人，他們的銷售成績，比想法消極的人高出37％。另外，在新雇用的人員中，積極者的銷售成績也比消極者要高出30％。有鑑於此，保險公司破格雇用了100名在應徵過程中本來應該落選，但卻有著明顯樂觀性格的人。這些人，在過去根本不可能被雇用，在這次卻出乎意料地被錄取。其後事實證明，他們的平均銷售成績比公司其他營業員的平均成績還高出了20％。

他們是憑什麼做到這一點的呢？按照塞立格曼的說法，積

極者成功的祕訣，在於他們的「解讀方式」。當事情出了差錯時，積極者會去實地尋找出差錯的原因，消極者若非自憐自艾，就是怨天尤人，長久沉溺於負面情緒。若是事情進展順利，積極者會歸功於自己，而消極者卻會把成功視為一時的僥倖。

🏀 樂觀擊敗不可能

「維珍集團」的創辦人——理查‧布蘭森（Richard Branson）17歲時白手起家，旗下共計有音樂公司、航空公司等百餘種企業遍佈全球。他曾穿著婚紗出席公共場合，贏得媒體瘋狂追逐；也曾搭乘熱汽球進行長途旅行；更曾因看好航空前景，舉債買下一架飛機，近年更是投注全力進行太空商業計畫，2009年底親自展示「航天飛船二號」（SS2），期待在不久的將來可以讓太空觀光成為常態旅遊。始終保持樂觀精神和赤子之心的他，腦中隨時都會浮現許多點子與創意，他相信自己「去做」的理由，永遠比「不去做」的理由多，更相信樂觀是最銳利的矛、最堅實的盾，能在「不可能」的襲擊下全身而退。

多數觀眾會視冷板凳的球員為優秀球員的候補。如果你具備贏球的本領，不會坐在場邊，而會在場中替球隊爭取分數，既然坐冷板凳，就代表你差了那麼一點，或許不差，但不足以成為球隊主力。而籠罩於這種「板凳意識」下，大多數球員都會產生「技不如人」的自我暗示，冷板凳坐久了，受影響的不

僅是身體，連心都涼了大半截，這樣，又怎麼能讓你的表現火熱起來呢？

再看看林書豪的表現，他的板凳，不是為了坐而存在，而是等待與準備，他清楚地明瞭，等待與準備不是差勁的同義詞，在爭得表現之前，必須坐得住冷板凳，所以，即使他不被教練重用、甚至心裡明白自己隨時都可能被再度交易出去，他還是一直很用心地鑽研教練丹東尼的「擋切戰術」體系，就算是坐冷板凳他的腦子也沒停過，總是在分析敵隊的打法和隊友們的技巧與特長。因為這樣的力圖進取，才能讓他在出場的那刻掀起風潮，單場取得25分，反轉了觀眾對板凳球員的看法，他不是誰的候補，而是一上場就驚豔全球的林書豪！

據研究指出，樂觀的人思考路徑是比較問題解決導向，容易正面思考；悲觀的人則較易淪為負面思考，嚴重者甚至引發憂鬱症。正面思考，它指的是在遇到挑戰或挫折時，人們會產生「解決問題」的企圖心，並找出方法正面迎接挑戰。反之，負面思考就是一遇到挫折，人們就被負面情緒打敗，而責怪自己、環境，最後選擇退縮、放棄或報復。

哈佛大學教育學院教授克萊里・薩弗指出：「如果你能改變你的思想，從悲觀走向樂觀，就可以使你的人生改觀。」心理學家克雷格・安德森也說：「如果我們能引導人們更樂觀地思考，這就好比為他們注射了防止精神疾病的預防針。」匹茲堡癌症研究所的桑德拉・立維醫生曾對患有末期乳癌的婦女進行一系列的調查研究，發現平常比較樂觀的婦女在接受治療

後，疾病不再復發的機率較高。可見，樂觀影響的不只是精神層面，更具有締造生理健康的實用意義。

用運動培養樂觀個性

其實對抗憂鬱、培養開朗人生觀的辦法有很多種，但最具經濟效益的則莫過於運動。因為運動可以刺激大腦內激素的分泌，產生令人愉悅的物質，而使人卸下低落和悲傷的重擔。

林書豪的父親林繼明，就深知運動所能帶來的正面作用，所以，在兒子們都還小時，就帶著他們一起到街頭籃球場打球，在人高馬大的西方人當中，形成一幅父子同樂的奇特畫面。「許多亞洲父母過度在意孩子們的學業，但我覺得跟孩子們一起打球所帶來的快樂比什麼都重要。」重視小孩均衡發展的林繼明，讓林書豪從籃球當中得到無可比擬的樂趣，他酷愛籃球，並藉由運動抒解壓力，是父親的教養態度，讓林書豪走向NBA之路。

因此，各位讀者不妨在放學或下班後，花點時間運動吧！不管是上健身房或在家做做有氧運動都好。別脫了鞋子就往沙發上躺，那種不需花費大腦思考，讓你一笑就忘的電視節目，效果肯定沒有運動好。我的一位熱愛運動的朋友（大家都公認他是一位成功者）曾經這樣說過：「我在運動時，不但可以暫時轉移對工作的注意力，擺脫因白天工作所累積的負面情緒。而且，我還建議大家如果可以的話，試著打打沙包，把它當作上司或對手的腦袋，消消氣會更好！」

這的確是有理論根據的，《英國運動醫學》雜誌的報導就指出，德國柏林自由大學的醫生，對曾經罹患重度憂鬱症至少9個月的5位中年男性和7位女性進行研究，請這些患者每天在跑步機上運動30分鐘。在這10天的運動期間，研究人員逐日增加他們的運動量，並評估患者情緒的變化狀況，結果在10天後，有8名患者顯示他們的憂鬱情緒已大有改善。這8個人當中有5人之前都是長期使用藥物治療的病患，但情況都未曾好轉。

不過專家也做出提醒，運動對憂鬱症的改善雖然幫助頗大，但也不能完全取代藥物治療。若是只想對抗輕微偶發的憂鬱情緒、或讓自己不陷於低潮之中，「運動」這個方法絕對值得我們一試。

蓄積正面思考的能量

在亞馬遜網路書店榮獲4.5顆星評價的《差異製造者》作者約翰‧麥斯威爾（John Maxwell），在其著作中提及一個故事：一名海軍陸戰隊隊員，不幸在韓戰中遭到八個敵軍部隊圍攻，四面環敵，幾乎山窮水盡；但他卻樂觀地說：「敵人既在我的左邊，也在我的右邊，既在我的前方，也在我的後方，我倒要看看他們還能往哪裡逃！」

史蒂文生（Stevenson）曾說過：「樂觀的人在每個不幸中，都能看出絕地逢生的機會來。」的確，想法正面的人，凡事都會往好的方面想，不放棄希望，當然也就不會絕望；負面思考的人，常常事情都還沒開始做，就擔心這煩惱那的，成天

緊張兮兮，終致一事無成。

生活中有許多情境可以提供參考，想想看，當你坐在冷板凳上的時候，將會以什麼心態面對呢？

情境：進公司都一年多了，遲遲沒有接到什麼特別重要的工作，看著同事們一個個的發展都比我好，怎麼就我一直在原地踏步？

□ 唉，我大概就這樣了吧，反正還不就是圖個薪水，沒機會又怎樣？反正我就是技不如人，再怎麼努力也只能這樣。

□ 不要緊，現在的空檔正是努力充實的時刻，機會尚未來到並不代表不會來，只要繼續努力，時刻到了，我自然能有最佳表現。

在類似的情況下，你會以自我說服帶過，還是盡量充實自己，並等待那個萬中選一的機會呢？林書豪曾說過：「我的壓力是要隨時都準備好，因為機會是給隨時都準備好的人。」以飲料桶為伴的板凳球員，因為有這樣的心態，而有機會擠身尼克的先發名單，如果林書豪在低潮時期就習慣自我安慰，就根本無法將等待的過程轉為向上的力量。積極的心態能將機會轉變為活力四射的表現，消極的安逸只會讓你越來越習慣那張板凳，不要被自我說服制約，只有你的主動積極能把自己帶入場中。

舉世知名的大提琴家馬友友就是樂觀主義的最佳代言人。有一次，他為了趕赴一場重要的表演，在趕往飛機場的途中，汽車突然爆胎，然而他並沒有氣急敗壞，而是平靜地等待救援，一邊不疾不徐地拿出琴，在馬路邊拉起悠揚的海頓大提琴協奏曲，不僅平撫了自己，更激勵了許多目睹一切的眼睛。

　　在認知到積極思考的正面能量，能為我們開啟機會之窗後，再按照如下由美國心理學家史蒂夫‧豪隆提出的方法去做，保有一顆樂觀的心，就能以積極的意念光點，迸發出人生中驚人的積極火光。

　　1. 第一步是先對自己誠實：在不如意的事情發生時，仔細注意自己的想法，把最先浮出腦際的感受，不加修飾也不加增刪地寫下來。

　　2. 接著做一個試驗：意即做一件與消極反應相反的事。例如，當你對現有的工作懷抱不滿，又覺得不可能找到更好的工作時，不妨做出與此想法相反的行為，例如去看徵才廣告，寄出幾份履歷表，親赴幾場面試。

　　3. 密切留意「觀察期」：注意事情的發展，以驗證你最初想法的對或錯。「如果你所處的環境使你抗拒，那就改變它，不然就改變你看事情與思考的角度。」豪隆說：「這是一種很好的辦法，雖然不一定都能奏效，卻能提供你一個機會。」或許你的困境並沒有你想像的那麼糟，給自己一段「觀察期」吧！同時，在達到目標的過程中，也必須要考慮到失敗的可能性與解決的機制。列出解決所有失敗的幾帖良方，以及它們各

自的可行程度，若是不到走投無路，不要輕言放棄。

　　4. 冷靜地作出決定：千萬別陷在絕望的深淵，反覆「品嘗」挫敗的酸澀。事實上，你只需考慮：是繼續走這條路嗎？還是改變路上的景觀？當然，也可以決定乾脆換條路走吧！

　　日本知名企業顧問神田昌典說：「想以最快的速度成功，就要與周遭那些經常發表負面言論的個人與團體保持距離。」積極的想法能帶給你積極的行動和反應，否則反之。無數事實與研究已經證明，只有積極振奮才能影響個人，進而影響世界，否則只會耽溺在空虛的怨懟之中，永遠地與成功擺手道別。

　　看看林書豪之所以能夠在高手如雲的NBA職籃中嶄露頭角，除了球技成熟之外，最重要的是他發揮了「正面思考的力量」，讓他能在艱困的環境，蓄積實力，抓住機會，一戰成名。即使球隊處於落後的狀態，他的不放棄與正面能量激勵了隊友，才能締造出無數精采的逆轉秀。

條條大路通羅馬，上帝關了這扇門，一定會為你開啟另一扇窗。如果，我們能學習「正面思考」，用比較「樂觀」的角度來看待事情，就能在每個挫敗中，看出絕地逢生的機會。用積極的態度想一想、試一試：Try，Do，Now，為我們帶來無限的希望！

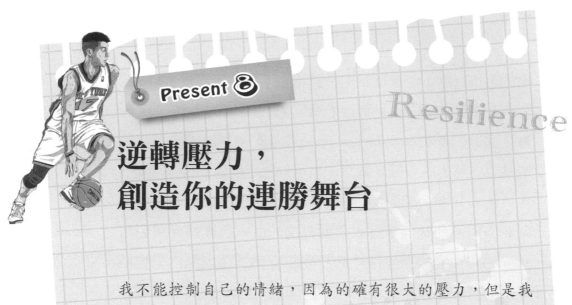

逆轉壓力，
創造你的連勝舞台

> 我不能控制自己的情緒，因為的確有很大的壓力，但是我
> 必須承擔起這些。
>
> ——林書豪

回首林書豪在籃壇的表現，「壓力」一詞沒有離開過他，更甚者，在他加入NBA籃壇以來，壓力伴隨他的時間遠比席捲全球的「林來瘋（Linsanity）」熱潮還要久，讓他從板凳球員轉為先發的契機，就是在巨大壓力下誕生。

林書豪的首戰，對上紐澤西籃網，比賽尚未開始，總教練丹東尼（Mike D'Antoni）與整個尼克隊就已經籠罩在一股壓力中。當時尼克連敗給公牛隊與塞爾提克隊，再輸一場，尼克就會成為東區的墊底球隊，賽績欠佳，主力球員也因受傷等境況不克出場，就是在這樣內外包夾的壓力中，讓林書豪得到他的第一個機會。

　　球隊的壓力當然會蔓延至球員身上，但林書豪卻在紐約的麥迪遜花園廣場打出了亮眼的成績，終場結束，尼克不僅以7分之差逆轉勝，也讓在場的球迷認識了接下來帶領尼克連勝的林書豪，這，正是壓力為林書豪創造的機會。

　　每個人都有自己的夢想，每天汲汲努力地想要實現它，然而在奮鬥的過程中，不乏其他強勁對手出現，隨著競爭越趨激烈，壓力也隨之而來。尤其是運動員，他們除了實現自己的追求，還背負著千萬人的期待，更必須要能在關鍵那一刻秀出最好的表現，其承受的壓力之巨大令人難以想像。

　　「壓力」一詞其實是中性的，並沒有好壞之分。它有如調味的佐料，適度添加，能激發自我潛能，向上提升；但若過量，則會戕害身心健康，降低成事效率。

　　如果想讓一顆靜止充滿氣的小皮球彈高，就須施加力道於球上；當力量越大，球就跳得越高。然而，若是在沒氣的皮球上施力，不但怎麼也無法彈起，還會被壓得越來越扁。人也是如此，我們必須先自我激勵打氣，調整好自身的壓力承受度後，才能善用壓力，向更高的目標挑戰。因此，林書豪等成功者其實早已研發出一套壓力方程式：

壓力（動力）＋ 激勵（助力）→ 成功（完成目標）

　　尼克的連勝在許多人的眼裡成為林書豪的代名詞，先前的球隊危機煙消雲散，全球颳起林書豪旋風，這是榮耀的光環，同時也是成名的壓力。如果仔細觀察NBA的選秀，會發現不是每一個狀元在被挑進球隊後都能持續閃爍，背負的光環成為緊

迫盯人的威勢，選秀狀元的名字被人淡忘，這些現象說明與名聲共存的壓力足以掩蓋球員的鋒芒。從板凳上的無名小卒躍升為創造新辭彙的風雲人物，一舉成名的林書豪，是否能在這些伴隨而來的附加價值中維持令人驚豔的表現，是許多人關注的議題。

在與多倫多暴龍的比賽中，林書豪的魅力展露無遺，觀眾看到的，不是與壓力對抗的新星，而是敢於在最後1秒間投射三分球的膽識，他成功地將壓力轉為動能，為球隊拿下致勝的3分。他的抗壓力就像在空中描繪弧線的三分球，遠遠凌駕於其他的景象。

林書豪憑藉轉化為推進力的壓力，激發自己在球場上的表現，足見他的抗壓力之高。「抗壓力」，也就是英文的Resilience，代表著一種面對困境和壓力而能調適得宜的本事。小小年紀的他有這樣的表現，確實令人佩服。

我們都知道人是有惰性的，在沒有壓力的安逸狀態下，我們常會過度放鬆身心，時間一久，不僅思想鬆懈，意志消沉，甚至還會鈍化原有的技能。因此古人才會說：「生於憂患，而死於安樂也。」事實上，壓力可以作為你突破現狀的力量。若能常懷憂患和壓力意識，就能發憤圖強，達成夢想。因此，沒有壓力便沒有動力，沒有動力就發掘不出潛力和爆發力，也就變得碌碌無為，一生只能在平庸中虛度。

現代人的生活處處充滿緊張與忙碌，種種的壓力環繞在我們身邊。雖然壓力常讓人感到窒息，但適度的緊張感卻可以壓

Jeremy Lin's Victory

抑人的惰性。譬如，學生面臨考試時，平時一晚只能讀一個章節，但在考前一週卻能一口氣讀完所有考試範圍；或是職場上將工作目標訂高一些，能夠促進同事間彼此競合，帶來進步；又如運動員在大型體育競賽中屢次突破世界紀錄等等，均足以證明適度的壓力是成長的動力。

Yerkes-Dodson法則

二十世紀初，美國心理學家耶基斯（Robert M. Yerkes）和多德遜（John D. Dodson）研究發現，壓力反應與表現（績效）是呈類似「倒U型」的拋物線關係。

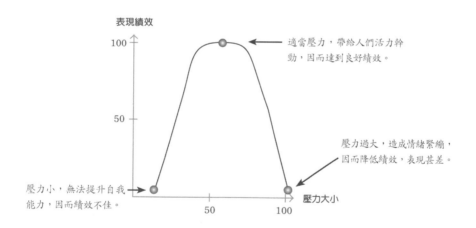

每個人都有最適當的壓力水準，一般人身處於最適壓力時，壓力變動力，能夠使表現達到尖峰狀態；當壓力太低時，則會覺得沈悶，注意力不集中，沒有動力，表現也就不好；當壓力太大時，我們會感到異常緊張，情緒低落，大大影響表現，這就是「Yerkes-Dodson法則」（Yerkes-Dodson Law）。

人在面臨壓力時，會有三種不同的應對方式——拒絕和逃避壓力、接受與解決壓力、創造並享受壓力。絕大多數人是採取排斥或消極接受的態度，讓自己深陷於消沉不安的困境中。但也有不少人會積極迎戰壓力，甚至設法創造壓力，激發前進的鬥志，奮力一搏，締造出許多超越自我的奇蹟。

　　根據歷史經驗顯示，諸多著名的哲學家、科學家、藝術家、文學家、企業家，當他們處在壓力最大的時候，往往也是創造力、觀察力、專注力和個人成就最高峰的時期。樂聖貝多芬（Beethoven）在生命即將結束的數年間，遭逢心靈上的孤獨、身體上的殘廢、經濟上的匱乏等，面對種種不幸的際遇，卻能創作出永垂不朽的d小調第九號交響曲。

　　歷史見證了那些將壓力轉化為動力的成功案例。因此，我們應當善用壓力之特性，為自己設定經一番努力後方可達成的目標，以創造壓力，激發自我潛能，展現「超水準」的表現。

　　當然，在激發潛能的歷程中，也可能會面臨無人賞識的低潮，成功人士與大眾的不同，在於面對低潮期的壓迫時，他們依然會開闢出一條坦途。拿林書豪來說，無人矚目的流浪日子就是他克服的課題。林書豪坦言曾因為給自己過大壓力而迷失了方向，「為了討好別人而打球」、「將快樂取決於籃球場上的表現」，壓力主導了自我，讓林書豪遭遇下放到發展聯盟的情況，在媒體面前鎮定的他，晚上卻獨自落淚，認為自己是個完全的失敗者，這，是壓力帶來的低潮與氣餒，我們都會有類似的經驗，但卻不是每個人都能像林書豪一樣，從無人肯定的

情境中站起，親手扭轉壓力，進而掀起讓人為之瘋狂的林書豪熱潮。

　　幫助林書豪克服心理障礙的，是虔誠的信仰。知道在患難中能生忍耐，進而讓自己更為提升，所以，林書豪在不如意的境遇中昂首，把一切看作磨練，就是這樣坦然的他，成功地跨越阻礙自己的絆腳石，最終讓尼克脫離墊底的危機。壓力一度讓林書豪痛哭，但他仍然選擇面對，在困境當中堅持，也走出了困頓，我們可以從這樣的林書豪身上獲得挑戰自我的勇氣。在壓力中跌倒不要緊，重要的是能越挫越勇的決心，親手轉化壓力，從第一場開始，創造自己的連勝紀錄。

🏀 享受壓力

　　北京奧運會前夕，中國籃球運動員姚明說：「我現在壓力真不小，沒有多少人能有這樣在家門口出征奧運的機會，這是人生最寶貴的財富，我會好好享受這種壓力。」想法一轉，全局改觀！將挑戰視為享受，把苦撐變成快樂，壓力便會與成就成正比。

　　曹雪芹晚年生活非常潦倒，舉家食粥酒常賒帳，但在這樣極端困苦、經濟壓力龐大的環境下，他仍甘之如飴，創作出「字字看來皆是血，十年辛苦不尋常」的中國經典四大名著之一《紅樓夢》。

　　每個成功的人在面對壓力時，都會有自己的一套方法來轉換心情，但你可以從中看到一個特點，就是「樂趣」與「熱

情」，不管是姚明還是曹雪芹，都將壓力轉變為享受，因而造成他們的成就。林書豪在面對籃球時，也首重樂趣，所以他不管在任何情況下都能享受。我們可以從林書豪在籃球夏令營教小朋友的第一件事中看出他的想法，他不從基礎著手，而是強調樂趣，樂趣能產生熱情與渴望，有了渴望，你就會努力做到盡善盡美，這是進步的催化劑；有了熱情，你自然能在過程中享受，遇到逆境時也不會動搖，在壓力的考驗賽中，林書豪就是以喜愛籃球的心，跨越讓許多人害怕的壓力。

　　既然如此，當壓力來臨時，要用何種態度來面對並享受它呢？

1. 保持冷靜，沉著應對：

　　當危機突然來臨，一般人總是手足無措，想著必須立刻解決。然而在心慌意亂的狀態下，想要找出理性的答案是不可能的。最好的做法是在採取行動之前，先讓自己冷靜下來，將事情的來龍去脈仔細思索一遍，瞭解真正的壓力來源，才能面對難題，做出理性的思考與判斷。不管是在初次對戰籃網時所展現的大將之風，還是那場對暴龍時最後出手的三分球，林書豪之所以讓人嘆為觀止，都是因為他能在高壓當中穩定發揮，不被球隊情勢或剩餘秒數左右，面對危機，他選擇冷靜地面對，這才逆轉了不利的情勢。

2. 釐清事實，避免被誤導：

　　在關鍵時刻，特別需要認清實際狀況。任何資訊都要再三確認，以免錯估情勢，讓壓力只是源於空穴來風的危機，空耗

心力。你或許只留心林書豪的球場發揮，但在無人注目的時刻，他其實也花了許多時間在思考戰術，要面對2010年的選秀狀元沃爾（John Wall）之前，林書豪花了很多時間去分析沃爾的打法和習慣，這樣的資訊分析，讓林書豪帶領尼克走上連勝的道路。

3. 建立自信，下定決心：

危機一旦發生，大多數人都會懷疑自己的能力。這種想法不僅無濟於事，反而會使情況變得更為艱難。相信自己，只要有決心毅力，沒有什麼困難不能克服。

4. 勇敢向前，拒絕逃避：

面對挫折，絕對不能懷抱鴕鳥心態，只有勇敢面對，全力以赴，才能獲致最後成功。走過籃球生涯低潮的林書豪，就是以自信與勇敢激勵自己，他的信念使他敲開NBA的大門，成為風靡全球的焦點人物，但你可能忽略的是，他曾在被下放至發展聯盟時痛哭，在被球團釋出時懷疑自己，但他終究從信仰中找到力量，重拾自信與勇氣，打出一場又一場激勵人心的比賽。

5. 承認錯誤，當機立斷：

由於先前錯誤的決定，造成重大損害，一發現時就要有勇於承認，以壯士斷腕的氣魄面對，千萬不可掩蓋真相，一意孤行或猶豫不決。

6. 承擔責任，控管危機：

當責任當頭，避無可避時，不要一直怨天尤人，鑽牛角

尖。與其滿腹牢騷，不如起身而行，掌控危機。正所謂「危機就是轉機」，面對這些不安的關鍵，就在於不屈不撓的意志。林書豪坦言，人生不可能一直贏球，他感謝眾人帶來的連勝奇蹟，也願意在輸球時檢討自己的失誤。擔任先發球員後的第一敗，他挺身承擔輸球的責任，也期許自己能改正錯誤，下一場比賽能沉著應對。具備不認輸的企圖心，也願意在試驗與犯錯中，磨練球技、突破框架，這才是林書豪能不斷向上的主因。

7. 積極學習，充實能力：

當發現自己有不足之處時，善用各種機會與資源，補強自己，一旦個人能力提升，抵禦壓力的力量也會隨之上揚。在林書豪尚未取得機會表現之前，就透過教練與訓練師鍛鍊外線投射與爆發力，當他坐在場邊的板凳上時，也時時觀察賽況，思索可以採取的戰術，這樣積極學習的心態，讓他在時機成熟之前就已經具備足夠的戰力，進而颳起無人能擋的豪氏旋風。

8. 保持健康，加強體力：

有了健康的體魄，才能盡全力與壓力作戰。平時就要鍛鍊體能，儲備體力，才能不因壓力的攻擊，讓自己身心交瘁。

9. 堅持到底，不輕易放棄：

失敗的人總是太快選擇放棄。在完成目標的過程中，切勿因為一點挫折就打退堂鼓，不要讓「為山九仞」最後「功虧一簣」，再堅持一下，成功就在不遠處！在遭遇人生的低潮時，林書豪勇敢對抗打退堂鼓之念，在球場上的他，更時時展現出由堅持激發的潛能，在對上克里夫蘭騎士隊的那場比賽中，林

書豪第一節就因流鼻血而下場治療，但他第二節便重返球場，最後得了19分，更創下13次助攻的優異成績，這不僅展現出他對比賽的企圖心，同時也讓大家看到他貫徹比賽的堅持。

壓力是成功的跳板，我們要向林書豪學習善用壓力自我鞭策，巧妙地借力使力，利用能量轉換定律，將壓力轉化為動力，產生更強的鬥志，從心底湧出源源不絕的能量，邁向成功勝境！

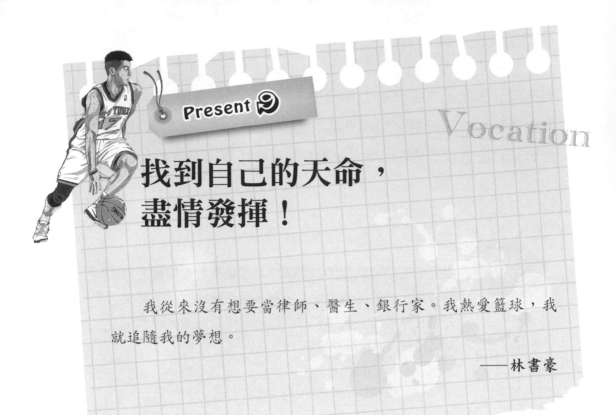

Vocation

找到自己的天命，
盡情發揮！

　　我從來沒有想要當律師、醫生、銀行家。我熱愛籃球，我就追隨我的夢想。

——林書豪

林書豪從小開始打球，從5歲打球到現在23歲，已歷經了18年的時光，相信將來還會持續下去。而他對於NBA非常狂熱的父親林繼明，一個禮拜裡有三天會帶著他和哥哥、弟弟，在寫完功課之後，一起到後院進行基礎練習和二對二的對抗賽。

　　只要轉到體育頻道，誰都知道，在美國的籃球聖壇NBA裡，經常都是體格高大又健壯的黑人掌控全局。當這位被稱為哈佛小子的林書豪從哈佛大學經濟系畢業之後，他卻沒有走入人人稱羨還搶著進入的華爾街，反而參加了NBA的選秀會，曾先後與勇士隊和火箭隊簽約，但始終只能擔任替補球員找機會

上場。

當時的林書豪如果以NBA的標準來看，說實在的，不夠高也不夠壯，雖然跑得還算快，但其實小時候的他直到高一，身高卻還只有約160公分左右，這比一般的美國女孩還矮，比起NBA其他球星的高大魁梧，如今他的191公分也仍然說不上能構成威脅。

但是林書豪卻只是淡然地說：「我只是想盡可能地去打，因為我喜歡。」他是NBA第二位畢業於哈佛大學的球員，是第七位的亞裔美籍球員，當然還是讓台灣瘋狂的第一位台灣華裔美籍球員。當林書豪進入紐約尼克隊之後開始受到強烈矚目，職業球員生涯的前五場先發共得了136分，實則為1974年之後的NBA最佳成績。

林書豪選擇用他最愛的籃球來證明自己，打破根深蒂固的種族偏見，也才能成為有史以來，第一位打進NBA的台裔球星。

除了林書豪本身對籃球的熱愛之外，林書豪的父親，林繼明更相信，只要從小開始苦練，這些技術就將在他們的肌肉之中根深蒂固。當他們把基礎打得夠紮實之後，那麼，一切就會水到渠成。

豪小子自知自己不是那種名滿天下的全能型天才球員，在害怕被釋出，擔憂被取代的狀況下，以自己練功十數年的實力，將自己的後衛一角發揮得淋漓盡致，這樣，就足夠了！也就是說，你必須先找到自己的天命所在、同時也是在別人身上

無法被複製的優勢。

你必須認識自己，同時認清自己的優勢與強項在哪裡，然後設法讓自己處在一套適合你發揮所長的體系裡（工作、組織或是各種領域），否則很有可能反倒是你親手埋沒了自己的才華。選擇所愛、選擇才能、奮力一搏、堅持再堅持，「所謂天才，都是被放對了地方」，放在豪小子身上更是能清楚詮釋。

你必須當你自己，永遠別想當第二個魔術強森（Magic Johnson），因為世界上絕不會有第二個強森。同樣地，你可以學習林書豪的各種優點，但這也並不代表你就能成為林書豪第二。做你自己，找到適合自己的路，就能創造出屬於自己的未來。

以下是更能讓你發揮專才的三個原則：

🏀 立足雙專長，放眼真興趣

我們說，具有廣學特質，加上雙項核心專長的人才，形同雙足穩立的「π」形字母，不僅受環境變遷的衝擊大幅降低，還能彼此交替融合，相輔相成，以一股優雅而平衡的站姿，在時代的涓流中屹立不搖。

趨勢科技首席文化長陳怡蓁，原為臺灣大學中國語文學系出身，後再赴美國賓州理海大學（Lehigh University）攻讀資訊科學，豪邁遊走於科技與文學兩大領域之間，雙核心專長不僅毫無牴觸之虞，更讓她的成功健步如飛。

陳怡蓁大學畢業後，進入雜誌社負責撰稿、採訪，開啟了

她接觸科技行銷領域的源頭。與先生張明正共創趨勢科技之後,她善用文筆華美的專長,以及文學以探討人文涵蘊為根柢的深厚訓練,扭轉了科技產品向來生硬難親的印象,將產品介紹寫得生動精采、深攫人心;非科技人的背景,讓她省卻了專業的艱澀語言,以同理心撰寫出讓消費者更為明晰透徹的文字。她更首創全球先例,創立了企業「文化長」(CCO)一職,摒棄「科技」與「人文」向來雙雄分立的傳統,企圖以科技優勢推動文化產業,以文化特質涵養科技價值。

雙專長得以讓個人跳脫本有專業的侷限,從另一個全新視角評估問題;在捕捉原先無法覺察的盲點之外,尋得超乎既有想像的出路。專業過分特殊化的後果,就是為專業與專業之間劃下鴻溝;然而當兩項專業可在同一個人身上尋得,便可省卻不少思維與溝通上的滯礙。

又如台積電(TSMC)領導人張忠謀,人稱「臺灣半導體產業教父」,正是身兼雙項專長優勢的成功典範。

張忠謀為美國麻省理工學院機械系的學士兼碩士出身,博士卻是在美國史丹福大學電機系取得。在取得博士學位之前,張忠謀曾經歷過一次落榜的命運,因而決定進入職場。當時的他同時找到薪資較高的福特和薪資較低的希凡尼亞兩家公司的工作,福特在當時乃是如日中天的大型汽車工廠,希凡尼亞卻只是新興的半導體業,前景仍是一片未知。

然而,性情好勝的張忠謀,當時並未考慮薪資的高低,毅然決然進入陌生的半導體業,在工作之餘勤學苦讀半導體相關

書籍，爾後又轉入當時全球第一大半導體公司德州儀器，最後因他的努力被提升為叱吒風雲的副總裁。

之後，力求精進的張忠謀，並未在落榜的失意中放棄對博士學位的期許，再度考進史丹福大學電機研究所，一圓博士之夢。憑著橫跨機械與電機的雄偉之姿，張忠謀返臺創辦了舉世聞名的臺灣積體電路製造公司（台積電），成為讓半導體同業與對手們敬畏、讓朋友們欽佩的科技巨擘。

π 型人的雙足，一隻腳可以是專長，一隻腳則可以是興趣。一般而言，專長往往與所學相關，而興趣則無遠弗屆，正如哈佛經濟系畢業的林書豪，卻在NBA籃壇中打出一片天，正是所謂 π 型人的最佳例子。

時值全球經濟動盪年代，連過去人人稱羨的「竹科新貴」，也紛紛為裁員與無薪假的惡夢襲捲，淪為「落難新貴」。「I型人」「T型人」的單項專長即使曾風靡一時，也難以在瞬息萬變的現世傲嘯一世；「π 型人」的第二隻腳，即是在遭逢困頓或障礙時，讓多才者另闢蹊徑的資源。

讓自己身擁 π 型優勢，成為 π 型人才，主要可分為如下幾個步驟：

1. 紮根第一專長：

沒學會爬就想跑，下場想當然爾是摔跌得鼻青臉腫。

在企圖開發第二專長之前，應先鞏固自己既有的核心優勢，才不會在摸索第二專長的同時，連自己手裡原有的核心資

源都喪失，落得兩頭空的窘境。野心的力量，只有在步伐穩健的前提下才會是助力。

知名作家王文華，畢業於臺灣大學外國語文研究所，不僅語言能力卓著，對於文學也有非凡的創造力與鑑賞力。外文系畢業後，王文華進入美國史丹福大學攻讀MBA，築起了他第二專長的堡壘。面對這個截然不同的陌生領域，王文華卻能迅速從中摸索出一片天空，重點即在於出色語言能力的奠基。

2. 放眼第二專長：

放眼第二專長的初始，往往漫長而毫無頭緒，因為第二專長的選擇，關鍵在於能否與第一專長相輔相成，或是在第一專長之外開啟新的可能；倘若兩項專業彼此相互牽制與拉扯，對於個人則非但不是附加價值的提升，還會危及既有的核心優勢，因而第二專長的挑選必須審慎為之。

對學生而言，修習第二專長的資源甚豐，雙主修、輔系、學程、訓練中心、補習班、旁聽、自修……等等，都可以是尋找第二專長的方式，從廣泛的摸索中逐步聚焦，發現自己確實願意耕耘的土地。即使已非學生身分，也可藉由訓練中心、在職進修、社區大學、附設學分班、社會教育機構甚至自我培訓與自學等方式，為自己描摹人生的另一張藍圖。

3. 融合雙項專長以泛出綜效：

當兩樣專長皆已臻至一定火候，即可開始尋求雙項專長之間可共同應用或交互影響的領域，從中激盪出新的火花。例如法律與財務金融雙專長，即可搶攻商務法律的範疇；社會學與

心理學雙專長，亦可貫通如何從社會情境與生理機制兩種觀點，剖析人類的特定行為。

最後一個步驟，正是 π 型人的關鍵決勝點，讓雙項專長的完美融合，泛出綜效後即能為 π 型人披覆黃金身價。

歷來諾貝爾獎皆有許多出色的跨領域得主，例如1994年諾貝爾經濟學獎得主約翰‧納許（John F. Nash）、約翰‧海薩尼（John C. Harsanyi）和萊因哈德‧澤爾騰（Reinhard Selten），三位皆為數學家，卻因將觸角伸進經濟學領域，以賽局理論的均衡分析在經濟學界創下劃時代的貢獻而光榮獲獎。

或許你會問：為什麼他們反而沒有在數學本行獲獎呢？

答案是：諾貝爾根本沒有設置數學獎！

又例如未來的臺灣司法人員應考資格，限定必須具備法學碩士學位，但不限大學背景，且鼓勵非法律系出身的多元人才投入法學領域，近來新興的科際整合法律研究所，即展現了冀求多項專長與深入且廣泛的知識，為法界注入活水、拓寬法界思維的世界趨勢。機運的大門已為 π 型人敞開，別再讓你的第二隻腳裹足不前！

讓天賦成為生命羅盤

做自己，找到自己的天賦，這不代表你不夠努力去做其他事，只不過是表示你已經找到自己的所愛，並願意義無反顧地堅持下去，直到實現目標。你的親朋好友會因為你勇敢做自己而支持你，就像球迷愛戴林書豪那樣。

實踐天賦，就是尋找並發展自己的才華，擁抱自己最熱衷的事。「天生我才必有用」不是無謂的勵志老調，而是根植於無數成功事例上的真誠呼籲。找到自己從事起來最愉悅、最自在、最如魚得水的一件事，不要再為了物質安全感讓自己身陷桎梏，用天賦當成未來的羅盤，找對方向啟航，就能發現人生海平面上的新大陸。

曾任瑪莎葛蘭姆舞團和雲門舞集首席舞者，並獲國家文藝獎殊榮的臺灣舞者許芳宜，幼時曾因學業成績不佳深感自卑，在那個「萬般皆下品，唯有讀書高」的年代，讀書成為窮人翻身的唯一利器，使得父親也為她的前程憂心忡忡。

國小時期，許芳宜首次參加民俗舞蹈比賽，在臺下時如坐針氈，誰知一登上舞臺，她竟自然地昂起怯懦的下巴，大方地開展瑟縮的四肢，成為一隻自信躍動的精靈。因為這次經歷的「指南」，讓她確認了舞蹈是值得終身耕耘的天賦，從此開始勤奮練舞，終於保送國立藝術學院（現為臺北藝術大學），並在良師的指引下逐步突破後天環境的限制，讓先天的潛能全數爆發，成為獲譽為「瑪莎・葛蘭姆傳人」的舞界傳奇。

「她為了跳舞可以不吃不喝，但是不跳舞卻會要了她的命！」林懷民說。

這就是天賦的能量！天賦是熱衷的發源，把天賦與職業結合，職業便不再是僅為餬口的使命，而能源源不絕地為個體提供能量，即使體力耗盡，依舊能支撐著活力的永續守恆。

找到振翼的起點

　　林書豪自從進入NBA以來，被下放到發展聯盟（NBA二軍）共4次，每次的被下放都是他籃球生涯的最低潮，他只能不斷地告訴自己，來這裡是為了讓自己做好在NBA打球的準備，才能擺脫掉這種低潮情緒。

　　師大附中畢業，政大俄文系出身的劉真，自小學習了12年芭蕾舞，奠定了良好的身體韻律與肢體技巧。大學一年級，劉真加入了國際標準舞社，從此發現自己對社交舞難以遏止的狂熱，每天幾乎廢寢忘食地不斷練習。大三那年，劉真向周志坤拜師學舞，短短一年多，她就拿下數座大專組的拉丁舞冠軍，成績相當亮眼。

　　然而，由於當時社會風氣尚屬保守，社交舞還是與地下舞廳、交際花等負面辭彙畫上等號，而且臺灣早期有禁舞的規定，教舞甚至可能引來牢獄之災！因而大學畢業後的劉真，依循父母的建議，在美國一家商業銀行擔任業務員。

　　但是，劉真並沒有向現實俯首稱臣，她白天照常準時上班，晚上則積極練舞，往往把睡眠時間壓縮到只剩四小時，使得身體狀況一度變得很差，只為了讓自己的舞蹈姿勢極盡完美。

　　23歲那年，她終於勇敢決定了自己的人生，毅然決然辭去了銀行工作，跨進專業舞蹈界；2000年，劉真和舞伴李志堯聯手拿下國內多項拉丁舞冠軍，並入選為國家代表隊，前往日

本、新加坡、美國等地參與世界級競賽，並連獲BDFI國際標準舞公開賽職業新星拉丁冠軍、美國Star Ball摩登舞冠軍。

「我舞，故我在」，劉真不僅找到了自己天賦中的亮點，並讓它成為恆久不滅的恆星。

對工作毫無熱情的人所在多有，對主修興趣缺缺的人亦不鮮見，主要都是在於他們的天賦遭到錯置，沒有尋得一個足以振翼的起點，當初在填志願、選工作等人生岔路上，對自己做了一個草率又無奈的交代。

人生無法彩排，屈服於現實而慨嘆、沉迷於工作而歡愉，都是一種度日的方式，但青春既然有限，為何不勇敢振翅，看看自己起飛的英姿呢？那麼，實踐你的天賦或可採用以下幾種方式來達成：

1. 發現自己內心的微笑：

有些人總覺得自己沒有特出之才，那就試著找到自己內心的微笑之處。你是否在從事某些活動時，感到特別愉快滿足？不要管這些活動是否能成為一種行業，更不要擔心它們能否謀生，審慎地列出這些活動清單，逐一檢視自己是否對這類或相關工作有特別的見解或高漲的熱情？它就可以是值得你深耕的一塊土地。

2. 用剩餘光陰，發揮「剩餘價值」：

有些人可能因為克紹箕裘，或因各種現實環境的打壓與阻礙，必須從事某些自己不願從事的工作。即使如此，也不要讓

自己的天賦沉睡，可以多多利用下了班後的剩餘光陰，即使只是隨手繪個幾幅圖，題幾個字，寫幾段小文章，都要讓自己的天賦之才找到一個適當的出口，這些靠短時間演練累積的實力與技巧，最後還是有可能找到翻身的一天。

3. 讓良師創造際遇：

享譽全球的編舞家吉莉安・琳恩（Gillian Lynne），幼時因為過分好動而被帶去看心理醫生，醫生卻看出了她跳舞的天賦；奧運體操金牌得主巴特・康納（Bart Conner）孩提時代經常倒立用手走路，經常被家人和同學認為在耍寶，體育老師卻讓他的手，在單桿和木馬上得到了平衡。

枯葉放對地方就是養分！廢紙適當回收就是資源！沒有伯樂，良駒難致千里；沒有鍾子期，伯牙鼓琴亦無人懂。不要輕忽身邊任何一個專業的眼光，可能你的天分，就會在他的洞察之下流瀉出來。

4. 用捨去法篩選出自己潛在的天賦：

豪小子曾表示自己曾經也不是很明確自己喜歡什麼！但卻一直很清楚知道自己不喜歡什麼！香港首席經濟學家張五常年輕時就知道自己不可能喜歡醫學或藥學或是化學方面的類科！其他領域只是「不討厭」罷了！他的家長希望他學商，正好他又申請到了經濟學系的獎學金，於是他就一頭栽進了原本只是「不討厭」的經濟學領域，然後十年磨一劍，成就為當代經濟學大師。

所以身為年輕人的你，在填志願、選職業的岔路上，至少

一定要把自己明確不喜歡的捨去，然後愛我所選，全力以赴，這樣將來的成功已屬必然。

你還不確定當前坐鎮的位置，是不是自己的天賦所在嗎？如果你會為經手的作品感動流淚，如果你願挑燈夜戰而不嫌疲憊，如果你敢用青春為耕耘的土地下注而不計報酬，就擁抱著這股熱忱，義無反顧地起飛吧！

林書豪說：「只要是做自己喜歡的事，就會發現有更多進步空間。」如此，樂在其中，不斷地循環這樣的喜悅，做自己從事起來最愉悅的事，熱情自然源源不絕，成功自然手到擒來。

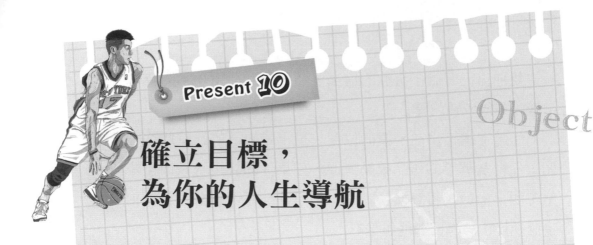

確立目標，
為你的人生導航

　　我想當一個很好的控球後衛，我希望能掌控全場，我希望
我能在正確的時機，讓我的隊友們能發揮他們的最大的潛能。

——林書豪

　　「**我**熱愛籃球，我就追隨我的夢想。」就是這股單純的熱忱，確立了林書豪的目標。這個目標是他籃球生涯的起點，也是他不斷進步的動力。

　　確立目標是採取行動不可或缺的前奏，更是邁向成功的根基，所有智慧、奮鬥、機會與挑戰，均須奠立其上，方能開枝散葉。沒有目標，行動的枝莖就無法茁發，只能埋首深壤，仰望遙不可及的成就；即使硬是破土而出，也只能如藤蔓般東搖西擺、左攀右附，空在冤枉路費勁盤繞，也抵達不了理想境界。

車好馬壯不如方向正確

《戰國策·魏策四》有則名為「南轅北轍」的寓言：有個人要前往楚國，卻駕馬車朝北而行。有人問他：「往楚國怎麼會往北邊走呢？」他回答：「我的馬好！」那人說：「馬雖好，這仍然不是往楚國的路。」他答道：「我的盤纏豐足！」那人又說：「盤纏雖多，這仍然不是往楚國的路。」他答道：「我的馬夫本領高。」那人嘆口氣道：「這些東西再好，方向不對，離楚國只會越來越遠啊！」

因此，車好馬壯皆不如方向正確，確立目標，就是確立行動的內容（what）與方向（how）。

5歲開始，林書豪開始接觸籃球，愛上它，並決心實踐心中的火熱。高中時期便在籃球校隊有優異的表現，但這些戰績並未如他所想地推他一把，想申請體育獎學金上大學的他，被許多名校拒絕，說起這件事，有許多人都百思不得其解，為何那些名校不願意接受林書豪，不過在當時，那就是他面對的現實。

成為哈佛生的林書豪，並未忘記在心中的目標，他依然是球隊的風雲人物，在母親的督促下，他創下在課業與籃球的雙贏局面。高學歷的光環沒有令林書豪改變他的夢想，他想要在NBA籃壇打出一片天，於是放棄在華爾街領高薪的機會，他，選擇在球場上奔馳。

目標，宛如高空指路的北極星，既孕育了行動的根本，也

指引了行動的可能，讓我們不會因缺乏目標而裹足不前，更不會因缺乏目標而橫衝直撞，在岔路中虛度與迷失。

現行教育體制造就了不少狹隘的思維，形塑出一群又一群沒有目標的莘莘學子，讓他們誤以為自身的價值只剩下成績單上量化的分數，因而有人挑燈夜戰、有人心不在焉地創造了幾個對他們而言並無太大意義的數字，然後聽天由命地依循這個數字分發到的學校與科系，決定了他們一生的志業。他們正如沒有目標的藤蔓，也許智慧過人、也許勤奮可嘉，卻連成功的形象都沒有仔細描繪，遑論試圖接近。汲汲營營之間，可能連原先值得發展的長才或興趣都遭泯沒。

林書豪的家庭教育是他成功的重要原因之一。他的父母採取「恩威並重」的教育，父親林繼明尊重小孩，鼓勵他們找出自己的興趣，同時，也是林書豪籃球之路的啟蒙者。林書豪5歲那年，父親教他籃球，並且讓他了解打籃球的樂趣，熱忱與啟蒙的基礎並存於林書豪心中，這是他達成目標的主要動力。

母親吳信信則肩負起督促林書豪的角色，要他在打球的同時兼顧課業，是這樣的嚴格，讓林書豪學習如何堅持下去，兼顧籃球與課業絕非易事，但林書豪做到了，課業的亮眼成績，也磨練了他的頭腦，令他成為一個同時以球技與頭腦在打球的優秀球員。而對林書豪相對嚴格的母親，其實也給了林書豪打球的空間，這樣的她必須面對許多同事的批評，說讓林書豪打球是浪費時間，母愛最終還是戰勝親朋間的輿論壓力，看到林書豪打球時的快樂，她決定尊重他的興趣，對他嚴格的同時，

也給予他足夠的發展空間。

　　尊重林書豪興趣的父母，幫助他找到自己的目標，而在美國這樣重視體育的大環境中，林書豪也得到許多與他人切磋的機緣，家庭推動他的熱忱，外界環境培養他的籃球技術與積極意識，寬廣的教育態度促成林書豪的成功，也許，在我們卸下只追求成績的觀念後，就能培育出更多的可能性，知識絕非不重要，但當整個體系只崇尚成績單上的數字時，許多的未來小旋風或許已經被埋沒。

　　確立目標並不只是人類的專利，就連動物都能因此受惠。位於東非肯亞與坦尚尼亞交界的馬賽馬拉，經常上演著這樣驚心動魄的劇碼——牛羚群起遷徙渡河，屢屢在河畔謹慎試探，而後一隻一隻下水，再以迅雷不及掩耳之速飛奔到對岸；然而只要一個失神，就會深陷鱷魚的血盆大口，自此在利牙銳齒之間灰飛煙滅。然而，牛羚每次的遷徙數量都多達上千甚至上萬頭，聲勢甚為浩大，巨鱷也應該要退避三舍吧！牠們又怎麼會成為對方的佳餚呢？

　　答案正是鱷魚確立目標的本領。

　　沉潛水底的鱷魚並不為浩大的牛羚群所震懾或迷惑，牠只審慎觀察著群體的行進當中，何者體態老弱、步伐落後，而後伺機而動，隨時準備一躍而上。從鱷魚確立目標到撲殺牛羚，有時甚至僅需數十秒的時間！倘若鱷魚直朝大群牛羚胡亂撲去，往往只會激得牛羚四處竄逃，甚至運用群體的力量加以抵抗，最後可能連半隻獵物都飽餐不著。

這種「謀定而後動」的行為模式，正是林書豪震撼NBA籃壇的主因。林書豪小時候也與許多人一樣，喜愛喬丹，藉由電視上的比賽轉播觀察喬丹的打法而學習，當他自己成為NBA的一員時，他也透過觀察比賽來擴充腦中的戰術佈局，這些，是他為了有所作為而做的預備。而當他在場上遇到阻礙時，會利用變通與瞬思力來讓自己的打法更多元，在對上灰狼隊的比賽中，他就因狀況不佳而陷入苦戰，但他最後找出突破瓶頸的方法，以不同以往的進攻方式帶領尼克隊走向勝利，事前謹慎分析讓他具備自信面對敵手，場上的應變幫助他進化，無論藉由什麼方式，林書豪都在一步步前進，在NBA達成他的目標。

　　確立目標，則是擁有了一個——而且是唯一一個——堅持與奮進的方向，不只融化了我們與目標之間的障蔽，促進了我們前往目標的進程，而且更能激發我們勇於冒險犯難的能量。一旦深知從腳下心無旁騖地逐步耕耘，終點的收成就是自己想要的報酬，在前有誘因、後無退路的驅使之下，我們就會對當前的行動更加積極，更加無所畏懼，期許儘快抵達目的地。

　　林書豪能實現目標的誘因，是熱忱！這是他決定投入籃壇的動力，同時也是讓他在遇到低潮時能重新站起的能量，再有潛能的人，都可能因為他人貼在自己身上的「你不行」標籤而被擊倒，在這個時候，能讓人決心再戰的是一股意志，就林書豪來說，這股意志就來自於對籃球的熱情與酷愛。

　　後無退路的驅使力量，也同樣存在，對林書豪來說，是失去籃球的迷茫，在他不斷遭遇下放、被交易的境遇時，他曾迷

惘，不知接下來要往哪裡走，乾脆就此去打發展聯盟（NBA二軍）？到海外發展？還是索性休息一陣子不打球，再想想接下來的安排？

　　熱忱與退無可退的情境，都成為林書豪的動能，他在交互的正負面力量中取得平衡，堅持自我，終於在對籃網的比賽中一戰成名，造就現在的林來瘋熱潮。

　　不只是林書豪，每一個領域的成功者，都具備確立目標的能力。知名漫畫家蔡志忠曾接受《經濟日報》專訪，表示自己從4歲多就知道將來要靠畫圖維生，9歲時即立志成為漫畫家，國中時代開始積極投稿，並隻身從彰化北上尋覓漫畫工作機會，終於在15歲那年成為職業漫畫家，至今已出版數百本畫作，並廣銷全球各地。

　　蔡志忠的成功哲學就在於，很早就開始思索自身的定位，開始為自己的生涯立定明確目標，並且不斷朝著目標邁進。和蔡志忠一樣具備漫畫長才的人不在少數，但往往臣服於升學與溫飽的現實而舉旗投降。在蔡志忠眼裡，這就是對目標的信仰不夠堅定，對夢想的執著不夠狂熱，所以在人生的道路上一看到指向他處的路標，就會輕易地放棄顛簸的前景，隨著大多數人選擇坦途。正因如此，坦途往往走不出人才，顛簸卻常常使人大放異彩。

　　以《海角七號》大賣，振興國片的尋夢導演魏德聖是一位化阻力為動力，勇於追求自己目標的人，儘管前方道路崎嶇、阻礙重重，他依舊抱持著激昂的熱情去實踐夢想。在他籌拍

《海角七號》時，一片不看好的聲浪席捲而來，資金不足導致他們沒有多餘的錢去做大量的行銷宣傳，甚至積欠上千萬的債務，只為了堅持實現他的導演夢，而他的努力也確實感動了人們，讓所有人又重拾尋求目標的動力。

　　林書豪與上述例子的相同點在於，有一顆對目標執著的心。他酷愛籃球，在高中球隊取得亮眼的成績，在哈佛時兼顧籃球與課業，在這些讓人讚嘆的成果背後，有他付出的努力與走過的辛酸，這些都不該被忽略。雖然確立目標是成功的起點，但成功的人也必須具備咬牙撐過的特質，才能完成目標，而非嘆息自己的境遇。另外，無論是蔡志忠讓人喜愛的幽默創作、魏德聖的感人作品《海角七號》、還是林書豪走過的低潮與抵達的高峰，都是由一個積極正面的心態促成，受到阻力時不自怨自艾，路程顛簸時不回頭，是他們想要堅持的心，吸引成功的到來。

　　「針對單一的目標，成功只有一條路，但失敗卻有一百萬條路。」蔡志忠認為，確定目標可以提高成功的勝算，讓自己無路可逃，只得全力以赴；但是在確定目標之前，必須先認清自己的本質，釐清自身的條件，否則立下的目標也只是虛無，就像種下彈珠一般不會發芽。如果能完全瞭解自己的興趣與能力，再全力往既定的目標前行，成功將是指日可待。

訂立目標降低失敗機率

　　無數的岔路在人生中盤根錯節，每逢一次轉折，我們就要

停下來思索——究竟哪一條才是自己的目標？選擇交往對象時，弱水三千，也只能取一瓢而飲，倘若亂槍打鳥，情場周旋，一旦東窗事發，只會落得惡名纏身，反而讓良緣敬己遠之；選填志願時，學術領域五花八門，職場出路多元繽紛，但最終仍然只能選擇一個校系就讀，一旦前腳跨錯，要返身而退的轉系、轉學等方案，都將造成時間與心力的重大耗損；求職應徵時，自述或自傳中是否傳遞出明確的職場目標，也是雇主考量是否聘任的重點，有些人大書特書自己的人格特質與豐功偉業，對於自己的未來規劃卻隻字不提，如此將造成自身專才無法發揮，以及企業人力資源調配的成效低落。

　　林書豪很早便訂立目標，決定將自己的夢想轉為現實。他以體育獎學金為目標申請大學，以自己的實力進入NBA的職業籃壇世界，從這些地方，都可以看出他的果敢與堅決。若非如此，他大可像許多具備高學歷的學生一樣，進入華爾街工作，過優渥的生活，但是他並沒有走向這個眾人皆認為平坦的大道，相反地，他選擇了自己的另外一項專才，決定在籃球領域闖蕩，未來可能不那麼平坦，但只要有機會達成夢想，他就不會放棄。

　　這樣的想法與令人訝異的人生標的，最終讓他成為讓全球為之瘋狂的超級新星，從總教練丹東尼任命他上場的那一刻開始，他就不斷創造佳績，甚至有機會角逐當月的最佳球員，很難想像，這些榮耀都是在一個月之間創造的。

　　是林書豪訂立的目標，引導他走向成功，他讓因金融危機

而陷入低迷的紐約重新活絡起來，他的傳奇也激勵全球無數的人，這樣無國界的蝴蝶效應持續發酵，讓全球因他而火熱，在這個瞬間，國家打破了藩籬與立場，因林書豪而凝聚起來。

美國頗具影響力的成功學講師博恩‧崔西（Brian Tracy）也認為：「成功就是實踐你的目標。」你的目標在哪裡，成功就在哪裡，因為目標的存在得以減少失敗的可能，告別浪費時間的活動。

目標，能開創你成功的道路。法國知名作家大仲馬說：「人生沒有目標，就像航海沒有指南針。」目標是往後旅程的導航，牽引著我們的發展，也扶持著我們不輕易在困厄面前倒戈。林書豪的NBA之路可以說是坎坷的，在取得眾人的支持前，他經歷了旁人無法想像的困厄，雖然也曾經想要放棄，但他最終還是看向閃耀在前方的目標。沒有目標，我們就不會努力，因為我們不知道為什麼要努力；沒有目標，我們就會失去抓取機遇的能力，因為不知道靠岸的碼頭在哪裡，也就不明白什麼風向對自己來說是順風。讓全球球迷為之瘋狂的林書豪，因為《聖經》的教誨而找到達成目標的方法，他知道什麼變成了逆風，了解到自己只追求勝利的想法無法讓他快樂，他從上帝中找到平靜，改變對比賽的態度，成功地讓順風吹起，以讓眾人驚訝的速度穿梭在NBA這個巨浪當中。

制訂目標雖然不能保證我們絕對獲得成功，但它卻是邁向成功的黃金敲門磚。目標為日常生活的例行公事妝點色彩、賦予意義，灼燒我們對工作與人生的熱情和想望。目標也填補了

生活的空白，讓我們懂得精益求精，隨時補充向目標前進的能量。目標讓我們對未來懷抱無限的憧憬，把遙不可及的夢想在眼前具象化，讓我們隨時緊盯自己的步伐，準備投入成功的懷抱。

林書豪對籃球的執著讓他確立人生目標，以這樣的目標激勵自己前進，進而取得現在的成就，但是，他並不會停下攀升的腳步，他持續向前看的態度，讓他就算遇到失敗，也不退縮，輸球，只是他人的看法，對林書豪來說，無論輸贏都會成為成長的養分，幫助他達成一個又一個的目標。

目標管理連結成功績效

也許，你心目中的成功定義十分模糊，但是你一定有個追求的目標，一個亟待實現的夢想。旅遊頻道節目主持人Janet曾表示，她從16歲開始就立志要玩遍世界，即使沒有豪華的五星級飯店，也堅持要踏遍世界各個角落。而她的事業成就就是從這個目標「無論做什麼，都要去旅行」開始發跡，這就是拿破崙‧希爾17條金科玉律中的第2項——對目標永保追尋的熱忱。

林書豪之所以能專注地投入籃球的世界，除了滿腔的熱愛之外，家人對他的培養與支持也有很大的影響，這兩項綜合在一起，他才能在堅定目標的道路上奮力邁進。

目標既是我們成功的起點，可能也是衡量成功與否的尺度。那麼，該如何設立目標？如何把握目標的方向與進度？

接下來就要告訴讀者確定有效目標的「SMART」原則，必

須符合以下五個條件：

    1. Specific——具體的

    2. Measurable——可以測量的

    3. Achievable——能夠實現的

    4. Result-oriented——結果導向的

    5. Time-limited——有時間期限的

如果再簡化一點，可將有效目標的核心條件概括為兩個：一是「量化」，另一是「時間限制」。這樣就可以使目標的可操作性變得更加明顯，有利於我們精準掌握目標的進度。

「量化」有兩種意義，一種是指「數字具體化」，意即要寫出精確的數字。例如，你在三年內要實現的收入狀況，就可以量化為150萬元、100萬元等具體的數字。舉林書豪為例子，就是場上表現的數據化，從他的連勝紀錄來分析，身為控球後衛的他，逐步減少自己個人的得分，增加助攻表現，他的調整讓尼克蛻變，增加了不少團隊新的攻擊模式。第二種是指「形態指標化」，意即將其表現形態全部以數字化指標來補充描述。如你的目標是想買一間房子，應該具體說明：多大面積、幾房幾廳、多少價格、具體位置、房屋朝向、周邊環境的要求等。在以十幾分的差距敗給熱火隊後，林書豪檢討自己的表現，並確定自己應該在球場上的角色定位，在下一場對騎士隊的表現中，僅失誤一次的紀錄讓人驚嘆，賽後，他更明確地表示未來期許自己的失誤能盡量控制在三次以內，這就是林書豪將目標的形態指標化的例子。

「時間限制」指的是你所確定的目標，必須有明確的期限，可以具體到某年某月。沒有時限的目標，不是一個有效的目標。你很容易為自己找到拖延的藉口，使目標實現之日變得遙遙無期。目標要能實現，就必須將目標分解為具體的行動計畫，使自己知道現在應該為達成目標做些什麼努力，使目標具備具體實踐的行動基準。

把目標分解量化為具體的行動計畫，通常是採取「逆推法」，即確定大目標的條件後，將大目標分解成為一個個小目標，由高層級到低層級，層層分解，再根據設定的期限，由將來反推回現在，即能明確自己現在應該做什麼：

即時行動➝更小的目標➝小目標➝大目標

用「逆推法」分解量化目標為具體行動計畫的過程，與實現目標的過程正好相反。分解量化大目標的過程是逆時推演，由將來反推回現在。而實現目標的過程則是順時推進，由現在往將來的方向推動。

在這裡，我們依然可以看到林書豪將目標化為具體行動計畫的過程。首先是從板凳轉為先發的重要戰役，在麥迪遜花園廣場對上籃網隊的那一場比賽，林書豪上場以25的高分開啟尼克轉敗為勝的大門，在接下來的數場比賽中，他又慢慢調整自己在球場上的定位，以提高助攻次數為目標，善盡身為控球後衛的職守，接下來，他開始調整自己對其他隊友的幫助，提升球隊的整體發揮空間，最明顯的例子，是尼克在林書豪成為先發後取得的第十勝，在這一場對騎士的比賽中，不管是尼克的

重量級球員，別稱「甜瓜」的安東尼（Carmelo Anthony），還是在球迷的歡呼聲中離場的板凳球員諾瓦克（Steve Novak），都藉由林書豪的助攻而火力大增。在林書豪身上，我們看見了「個人得分──▶助攻次數──▶團體發揮」的漸進式成功。

目標不怕高遠，但要衡量自己的能力，具備到達目標的實力，才能事半功倍。要想達成目標，則必須要有計畫、有進度、有預算，把自我的人生當成企業專案進行全面的量化管理。善用SMART原則的目標管理，就能成就最SMART的人生！

確立優勢目標

目標對人生有巨大的導向性作用，你選擇什麼樣的目標，往往就會有什麼樣的人生。

但為什麼還是有大多數擁抱目標的人沒有成功？統計數據指出，那些懷抱理想的群體中，真正能完成計畫的人只有5%，大多數人不是將自己的目標捨棄，就是淪為缺乏行動的「空想」。對NBA懷抱著夢想的人何其多，但能成功擠進這個領域的人並不多，姚明憑藉著身高優勢與努力，順利以備受期待的新人身分出場；林書豪更是以踏實的腳步從板凳躍升先發名單，他們的成功，雖然都有機運的配合，但若缺少堅定的目標，之後也不可能有將目標轉為現實的機會。

貝爾納（Bernard）是法國著名的作家，一生創作了不少的小說和劇本，在法國影劇史上占有出眾的地位。有一次，法國一家報紙進行了一次有獎徵答，其中有這樣一道題目：如果法

國最大的博物館羅浮宮（Musee du Louvre）失火了，但情況緊急，時間可能只允許搶救出一幅畫時，你會搶救哪一幅？結果在該報收到的成千上萬份回答中，貝爾納以最佳答案獲得該題的獎金。他的回答是：「我會搶救離出口最近的那幅畫。」

對於一個追求成功的人來說，成功的最佳目標不是最有價值的目標，而是最有可能實現的目標，而那也正是屬於你的優勢目標。以林書豪的經歷來看，想改變自己在球隊的位置是他的目標，但達成之前，他先藉著完成小目標，逐步修正自己的弱點，而當這些小目標聚集起來，也就足以讓他衝破瓶頸，令所有人明白，板凳球員並非永遠的候補。唯有即時準確地確立優勢目標，才不會白白浪費寶貴的時間，以最快的速度抵達成功的彼岸。

立定目標不是獨立的單一事件，立定目標後還必須歷經「切割目標」與「管理目標」的程序。由於我們的遠景目標大都較為籠統模糊，例如「想成為新聞主播」、「想擔任補習班名師」等，這些都必須攀緣階段性目標的階梯，從考上新聞相關系所或研讀新聞相關學科→尋求新聞相關機構的工作機會，或是發展專業學科的系統知識→培養教學口才與舞臺魅力等，才能讓詳盡的計畫，完美呈現出夢想的藍圖。有了目標的激勵，你甚至還可以和他人（你的同事、朋友、對手）進行良性的比較與競爭，這樣才能更客觀地對自己進行「SWOT分析」，也就是從內部剖析你的優勢（Strength）與劣勢（Weakness）；從外部解析應當把握的機會（Opportunity）與克服的威脅

（Threat），善用這項分析工具，發揮你的優勢、補足你的不足，就能日復一日地成長臻至無敵。

🏀 堅持，你終會發光

有了目標，就擁有正確的方向，要抵達終點，還是得靠堅持。林書豪的堅持，表現在三個層面上，首要的當然是他對夢想的堅持，每個人都會有其興趣，但卻不是所有人都能在自己喜愛的領域中發揮所長，林書豪與一般人的不同處，在於他在確定自己的追求之後，堅持不懈，母親要求他「唸好書才能打籃球」，他就真的為了能打籃球而顧好課業，這是真正的喜愛，林書豪用正面的態度去面對考驗，不逃避課業，而是筆直地向前，因為他的自律與負責，才能讓他的父母尊重他的興趣。

對林書豪來說，還有一項重要的支柱，就是對信仰的堅持，追求勝利的過程中，他曾一度忘記了自己單純的熱忱，對籃球失去喜愛，甚至在日記裡寫下自己後悔簽約等字句，這是他在人生的低潮時所面臨的困厄，但《聖經》的教誨讓他想起母親說過的話，「要將所有的榮耀歸於上帝」，他重新出發，帶著對信念的堅持，無論勝敗都以謙虛的心接受，信念成為他堅強的力量，幫助他堅持下去。

最後一點，是林書豪對持續進步的堅持，這項堅持推動他的蛻變，在贏球的連勝當中，他調整自己的步調，從獨自搶分，慢慢轉為提升尼克整體戰力的司令塔；在輸球的時刻，他

也認真檢討自己的過錯，球隊輸球，他不怨怪他人，而是一肩扛下責任，認為自己沒有扮演好後衛的角色，才造成其他隊友的實力無法發揮，無時無刻都在求進步的態度，讓林書豪散發出無人能擋的個人魅力。

其實還有很多在困境中琢磨，最終散發榮耀之光的例子。曾有一位出生於臺南的小男孩，自懂事以來就對戲劇、電影充滿興趣，不顧家人反對，執意走藝術這條路。儘管赴美念伊利諾大學戲劇系和紐約大學電影研究所，造就了他的導演專長，但並未使他因此順利執導拍片，反而在好萊塢展開漫長且無望的奔波。

起初，他拿著與別人合寫的一個劇本《不是迷信》向電影公司毛遂自薦，兩個星期共跑了三十多家公司，雖然大多數製片老闆盛讚他的作品，但都要求他再做局部修改，並回去等待結果，他就在這樣修改、等待、再修改、再等待中度過，直到最終毫無結果。正如同一部文藝電影的中間橋段，他的際遇冗長且乏味、沉悶又困頓。所寫的劇本全都胎死腹中，連生計也成了問題。已過而立之年的他，不僅沒有一份穩定恆久的事業，還要依賴妻子微薄的薪水度日，在當時傳統保守的社會裡，終日在家做飯帶孩子的他，無疑是親友們蔑視及鄙笑的對象。

這樣貧困不得志的生活，他整整捱了六年。到了1990年，他的生活可以說是到了山窮水盡的地步，當時他在銀行的存款只剩下43美元，而小兒子又恰巧在此時出生，家中境況更是雪

上加霜，走投無路的他將兩個劇本《推手》和《囍宴》投給臺灣新聞局主辦的優良劇本甄選，希望能碰碰運氣，結果，兩個劇本雙雙獲獎，得到了四十多萬的獎金，這個改變命運的一搏，使他得到中影公司製片部經理徐立功的賞識，兩人合作了第一部電影《推手》。這部通俗、溫暖的影片上映後佳評如潮，獲得當年臺灣金馬獎最佳導演提名，最終抱回了最佳男主角、最佳女配角、評審團特別獎三項大獎，在票房上也創造了奇蹟。所有人都稱讚這個突然殺出的新秀導演，而此時的他已經37歲，他就是國際知名導演——李安。

與王建民同被譽為「臺灣之光」的李安，他的成功並非偶然，雖然曾經潦倒窮困，但是他始終堅持不懈，在電影崗位上堅守了25年，未曾放棄或中斷，他的執意堅決，最終使他成為一位成功的導演，並且揚名國際。一手發掘他的製片徐立功回憶起與他相處的種種：「有一次，李安拉著我回家吃飯，進了李家門，才發覺他家竟然連餐桌都沒有，他靦腆地笑說：『全都借去拍片了。』兩人只能坐在客廳椅子上，就著茶几吃滷雞翅。」事實上，就連第二天，李安帶著徐立功上街時，還不忘隨身帶著滷雞翅與三明治，因為他請不起徐立功上館子。

而繼《推手》之後，慢慢嶄露頭角的李安，在往後的作品《臥虎藏龍》、《斷背山》、《理性與感性》、《色·戒》、《胡士托風波》等鉅作，均大放異彩並獲獎不斷，林書豪與李安能有如此傲人的成績，靠的就是「堅持」。

實踐「Try, Do, Now」三部曲

《荀子·勸學篇》曾提到：「鍥而舍之，朽木不折；鍥而不舍，金石可鏤。」相當於拿破崙·希爾所說的「Try, Do, Now」三部曲，意即多方嘗試，貫徹執行力，立即去做，是勉勵人堅持下去的道理，唯有刻苦進取，努力不懈，最終才能在耀眼的舞臺上發光發熱。

努力不懈，相當於林書豪的標誌，他將信念轉為行動，在他申請學校時，沒有大學願意提供他體育獎學金不要緊，還是堅持以打球為前提而進入哈佛，沒有通過NBA選秀的門檻也不要緊，他以努力簽下他人生中的第一份NBA球員合約。

進入NBA之後的林書豪，以練習充實自我，他逐步改善自己的投射能力，磨練自己的觀察力與視野，鍛鍊自己的爆發力，一一克服弱點，這是他的第二部曲。

第三部曲的現在，是他不斷寫下輝煌的戰績，但這對林書豪來說，其實只是收割的瞬間，因為經歷過的困頓，他深知發憤才能換得收穫的道理，一個球員要有最佳發揮，就必須在過程中一再修正自己的不足，所以，他用謙虛的態度面對勝利，用積極的態度接受失敗。

不只是林書豪，在古今中外漫長的歷史上，許多偉人成功的因素都來自於「堅持」，像夏朝的建立者禹，花了十三年才完成了浩大的治水工程；春秋戰國時代的管仲，打過三次的敗仗、三次的計謀策劃失敗，甚至成了階下囚，但他不放棄自身

理想，最終為齊桓公成就了霸業；美國的威爾伯・萊特（Wilbur Wright）和奧維爾・萊特（OrvilleWright）兄弟，經過了一千多次的試飛及不斷修正錯誤數據，才成功發明飛機；而耳熟能詳的愚公移山的寓言故事，不也是「堅持」的最佳證明？

時間推移到現在，我們則看到堅持的另一則例子，林書豪的故事，在逐夢的過程中，他以堅持的態度脫離泥沼，改變被人不斷丟出球團的境遇，一躍成為炙手可熱的搶手明星，商家搶食著他帶來的商機，球團爭取他能為球隊帶來的貢獻，再看看林書豪本身，他依然與成名前相同，用進取嚴謹的態度練球，不因自己的一時成功而懈怠，他，還繼續走在堅持的道路上。

趨勢作家葛拉威爾（Malcolm Gladwell）曾提出「成功的一萬小時定律」，他歸納每一個成功的人，都是堅持了10年而來。這10年間，他們每天都額外努力3小時，3乘365乘10，10000個小時之後，才有後來的斐然成果！而林書豪呢？他從5歲開始接觸籃球，每天與父親在球場練習3小時，將近20年的堅持，令他具備席捲全球的魅力，在林書豪身上可以看到，成功，真的不是偶然！

聚焦目標，鍛鍊持續力

堅持與成功的高度關聯，早已毋須贅述，然而「持之以恆」對大多數人的難以落實，正是決定成功者鶴立雞群的關鍵。究竟如何鍛鍊持續力，降低目標阻力呢？以下提出幾道祕

方供讀者參考：

1. 分析怠惰環境：

　　鍛鍊持續力的第一要務就是克服怠惰，這無非是陳腔濫調，然而這裡其實是要「找出阻礙持續努力的要素」。當我們決定實踐某個特定目標，往往會擬定完整計畫為目標鋪路，「堅持」與「怠惰」的拉扯，就是在實行這些計畫的過程中上演。這時，就要分析產生怠惰的整體環境元素，以便撰寫出攻略以逐一攻破。請見以下範例：

預計堅持項目：減肥

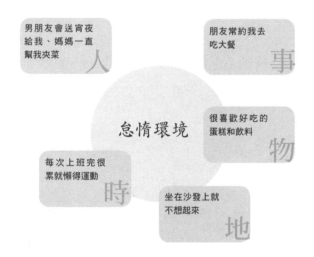

　　就算是林書豪，也會遇到怠惰環境，從高中開始，他就飽受種族歧視而不被看好，那個時候的他，倘若敗給憤怒的情緒，就不可能創造出積極向上的能量；而在進入NBA之後，他更因自己不受到球隊器重而否定自己，在下放發展聯盟的時

候，他就覺得自己是個完全的失敗者，認為是自己不夠好，才導致這種結果，這樣的自我否定，也差點讓他放棄目標。

2. 善用身邊的監督力量：

你是否發現身邊某些人做出某種重大的決定（如報名研究所、參與國家考試……）等時，常常會採取祕密進行的低調作風？原因就在於，如果事先昭告天下，後來一旦發生變卦，就會覺得顏面盡失。沒錯！這種「愛面子」的人之常情，正可以成為持續力訓練的最佳養分。

有持續關注林書豪表現的人一定都知道，他在取得第十勝之後，公開表示希望自己以後能將失誤減低至三次以下，這或許不是林書豪刻意為之的策略，但是他在不知不覺中，也用了這種方法督促自己。

隨時告訴身邊的人你決定要做什麼，甚至聚集一群與你有同樣目標的夥伴，讓這種免費又牢靠的監督力量，讓你永遠不敢輕易回頭。

3. 為自己找誘因：

人生在世，身不由己的情況時而有之，我們不一定擁有發展天賦的資本，也偶爾會因為環境的囿限，強制自己以某個「並不那麼渴望」的目標為目標，例如在公司衝業績、補救菜英文等等。這時，就要把目標妝點成一個迷人的窈窕淑女，讓自己從「必須」如此與「不得不」如此，變成「很想」如此與「渴望」如此。例如不要強迫自己去補習班填鴨式地惡補英文，找一齣好看的美國影集和劇本，邊聽劇中角色的台詞邊鍛

鍊聽力，這種自發性的持續，一定能比強制性的持續更能永恆維繫。

找到能激勵自己的誘因，有效率地讓林書豪提升球場表現，他擁有不服輸的企圖心，公開表示能藉由輸球找出自己的錯誤，進而繼續成長讓他感到興奮。興奮就是一股誘因，那不是讓他被動前進的「不得不」，而是想要變得更好的「渴望」，只要領導自己前進的誘因是一股熱切，就算是面臨失敗，也能像林書豪般將一時的失意轉為自我成長的養分。

人在有意識追求成功之始，就應該思索自身的定位，開始為自己的生涯立定明確目標，設立目標就不會在歧路上奔波，所以「目標」就是嚮導我們未來的北極星。而所謂「成功」，就是達成目標！

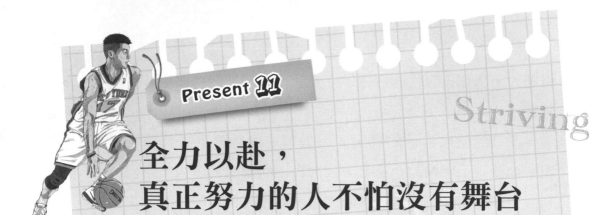

Striving

全力以赴，
真正努力的人不怕沒有舞台

你必須經過不斷努力來證明自己，無法只透過一場好球，就讓所有人對你心服口服，你必須不斷拿出精彩的表現。

——林書豪

成功就是「達成目標」，目標有大小遠近，並非要到達多高的層次才可稱作成功，因為目標完全出自個人的定義。因此，一點點的進步，也可以稱為成功，端視自己對成功的企求。但是，若想邁向更大成功的機遇，並獲得吸引力法則的青睞，你必須總是比別人更努力，努力不必太多，只要多努力一點點就好。多一點點知識的增進，多一點點心態的改變，你將能在目標的終站高唱凱旋之歌。

如同愛迪生所說：「成功是靠九十九分的努力和一分的天才。」當你說別人天生就很厲害時，有沒有想過他可能在私底下苦練了很久很久。林書豪的成功，當然不是天上掉下來的。

就像林書豪個人的體能教練所說，他在球季結束後，大量接受重量訓練，一週四天，每天數小時的不間斷練習，苦練投籃準度及加強體能，就是透過不斷訓練與自我鞭策，才有大家看到的傳奇表現。

即使是掀起「豪氏瘋潮」的林書豪，都沒有因為成功而看輕努力的作用，他激勵自己不斷前進，所用的方法，就是努力、努力、再努力！

比別人多努力一點點，贏一點，就是贏

2008年的中超足球聯賽，北京新浪網以「不贏那麼多，只贏一點點」為標題，大幅報導讓眾多球隊欣羨不已的陝西隊。在前14場比賽中，號稱西北狼的陝西隊有8場比賽都是1分險勝，更有4場以1:0獲勝，有評論認為陝西隊太過好運，但以總成績而言，他們共進18球累積30分，平均每球1.67分，是中超16強中最高的一隊。

比起積分更高的其他隊伍，陝西隊或許不是最優秀的，但他們每場比賽「只贏一點點」的紀錄，特別令球迷印象深刻。一場贏一點點，也讓他們得到16強中最高的積分數。

陝西足球隊致勝的關鍵，本來應該是他們的致命弱點。球類運動需要年輕的人才，而陝西隊中王鵬、李毅、維森特這三位老將，年齡算起來已是職業生涯暮年的球員，然而，他們卻轉弱為強，以老將的穩定性、加上小將的衝鋒陷陣，集體爆發，得到勝利。可見，贏不見得要贏在顯眼之處、贏在強處，

倘若表面上自己處於弱勢，那麼，就善用弱勢中的優勢，在關鍵時刻，一點一點贏取勝利。若當下條件不夠搶眼，短期內無法轉弱為強，那麼，就要贏在「具有未來性」這一點上。

2011年12月被交易到尼克隊的林書豪，並沒有引起關注，他的亞裔身分與近乎於全白的個人紀錄，讓他落入尼克隊的板凳球員。但在這樣的弱勢安排下，林書豪並未顯得意興闌珊，他在練習時依然活躍，與其他的板凳球員培養默契；連在板凳區看比賽的時候，他都仔細觀察場上隊友與敵隊的球技與戰術，腦中模擬可能會面臨的戰況，思考各個情況下能打破僵局的戰術，分析隊友們的優勢與不利，這些努力，都是在林書豪大放異彩前的前置作業，不因為自己不被看重而消極以對，他用累積實力的學習態度取代自艾自憐的停滯，是這樣的心態讓他轉弱為強，是這樣的過程讓他備齊一個偉大球員所擁有的才幹。

中國歷史上，周朝能取代商朝，就是因為周文王在「具有未來性」這一點上贏過商紂。其實商紂是個很有才幹的人，依照史書的記載，他不僅博聞廣見、思維敏捷，並且身材高大、膂力過人，可說是文武全才。此外，他對外征討了東夷，把疆土擴張到中國東南方，是位頗有作為的君主。相對的，周文王這些條件皆不如商紂，加上周部族的領土、人口，也完全無法與商比擬。商紂的統治後期，雖然逐漸腐化殘暴，以整體的實力而言，商還是強得多。周文王因為一個嘆息，便被商紂關入獄中，可見商朝的勢力與當下周部族的不敵。周文王在百般弱

勢下，只具備了一項商紂所沒有的，那就是周代的「人文精神」。

以現代的理解來看，周代的人文精神便是「尊重人權」、「體恤下屬」、「宅心仁厚」。商紂為了觀察正在成長中的胎兒模樣，可以命人將孕婦的肚子剖開；面對叔父比干不討喜的諫言，竟活活將他開膛取心。反之，周文王卻處處招納賢士，並以降低租稅鼓勵農民生產，兩者的未來性判若雲泥。

因此，我們應學習林書豪與周文王，於弱勢中培養未來性，如在知識面擴充專業實力，在心態面擴充內涵、磨礪待人接物，那麼，即使今日自己的條件不甚搶眼，只要今日的養成比別人多成功一點點，日積月累，總有一天必能轉弱為強，臻至目標！

Winners Take All

在臺灣史上最賣座的國片《海角七號》誕生之前，在多數民眾心中，國片幾乎是沉悶、無趣、難以理解的同義詞，也因此在《海角七號》上映之初，由於缺乏媒體宣傳經費，它也與大多數國片的命運無異，並沒有獲得太多的關注。然而，隨著劇中濃厚的臺灣情懷與輕快動人的節奏，勢如破竹地擊中了大眾的共鳴點，靠著強勢的「口碑行銷」一傳十，十傳百，全省上映廳數多達41廳，甚至因此出現「國片復興」的預言！於是，原本缺乏票房的國片都是在戲院中默默上映，默默下檔，而《海角七號》卻因為一開始突出了一點點，最終登上了臺灣

影史的票房寶座。

　　為何一定要比別人多努力一些？你可能不知道，輸一點點的代價可能不是第二名，而是──什麼都沒有。贏家與輸家之間的距離，並非大多數人想像的巨大鴻溝，有時只在於多5分鐘的堅持、多一通電話的聯繫、多一次試驗的驗證罷了。

　　昔時臺灣立法委員選舉採的是「複選舉區制」，一個選區可以有數位當選立委，因此，不管得票多少，只要你是得票數的前幾名，都有成為立委的可能。但臺灣現行的單一選區制，則大大改變了選舉生態。所謂單一選區制，指的是每一選區只選出一名代表的制度，所以，在一個選區之內，甲得票數為10000，乙得票數為9000，因為只有一個當選名額，第二名的乙就只有落選的命運。

　　在單一選區制度下，輸1000票、甚至僅僅輸了1票，就等於輸了全部，因為贏家只有一個。而歷史上偉大人物的事蹟，往往也只有最突出者被大肆宣揚，即使他只不過比別人多努力了一點點而已。

　　南宋初年，最有名的抗金名將當屬大家耳熟能詳的岳飛。岳飛不單因為被昏君賜死而令人為之歎惋，根據歷史記載，金人一聽到岳家軍的名號便「聞風喪膽」；金兵亦稱「撼山易，撼岳家軍難」。由於各朝的後人大肆褒揚岳飛，導致一提到抗金名將，許多人只認識岳飛，彷彿南宋的抗金行動，僅岳家軍一支而已。然而，事實真的是這樣嗎？

　　根據史書記載，與岳飛同時代，還有多位抗金名將。西元

1126年，金兵直逼北宋開封城下，68歲的宗澤受命奔赴抗金前線磁州（現為河北磁縣，因盛產磁石得名），在他率領下，宋軍首次擊敗金兵。翌年又與金兵血戰13次，屢戰屢勝，金軍對宗澤又害怕，又欽佩，都稱他「宗爺爺」。而韓世忠與其妻子梁紅玉，更是在黃天蕩、揚州、溝口鎮等重大戰役中，以寡擊眾，擊退數十萬金兵，立下汗馬功勞，得到「武功第一」的封號。而在巴蜀地方，全賴吳璘、吳玠兄弟死守抗金。金兵曾企圖由戰略要地和尚原攻入四川，吳氏兄弟出奇致勝，連破敵寨十餘座，俘虜首領與甲兵數萬，主將金兀朮也身中流矢，金兵稱「自入中原，其敗衄未嘗如此也」。

宗澤、韓世忠、梁紅玉、吳璘、吳玠，可謂南宋初期五大抗金名將，人人皆是功不可沒。但岳飛除了和其他多位將領一樣，抵禦來襲的金兵外，還曾發起數次北伐，比別的將領多前進了十華里，也比別的將領多收復了一點兒的失地。因此，「北伐比別人多『北』了一些」使得他的名聲較他人響亮了一些，於是當時民間許多自願抗金的群眾，皆打著岳家軍的名號與金兵相搏，形成岳家軍遍地皆是具聲勢浩大的錯覺；加以「十二道金牌」、「莫須有罪名」等歷史事件，讓後世對他特別矚目，不知不覺，整個抗金的功勞，就都歸到岳飛身上了。

後世對岳飛的推崇，對已長眠九泉的他來說已無關痛癢，但我們仍可由此知道，比別人成功一點點，就有很大的機會博得全面成功。

比別人多努力一點點，也是為了拔得頭籌、搶到接近更大成功的機會。因為，機會可能只有這一次。

　　1954年，經濟部長尹仲容上任後，積極提倡「計畫式自由經濟」思想，規劃執行進口替代與出口導向政策，並積極改革外匯貿易措施。外匯貿易措施下，他放寬外匯管制並鼓勵出口，該政策迅速促進臺灣塑膠、玻璃工業的成長。由於1951年開始，美國以每年一億美元經費援助臺灣，於是尹仲容開始積極尋找適合的塑膠工業投資者。

　　當時臺灣有許多中小企業已嶄露頭角，但尹仲容經由金融某些管道獲知：存款七百多萬的企業主有十數人，但民間擁有最多財富者，正是擁有八百萬元銀行存款的王永慶，便建議他投資新興的塑膠業。原本打算申請輪胎製造業的王永慶認真考慮後，就投入資金創辦了台塑，一開始，每日僅生產四噸PVC粉，但卻意外地踏上了「石化王國」的第一步。王永慶可稱是因台塑而起家，而他獲得這個機運，最大的原因在於受到尹仲容的青睞，而尹仲容挑上王永慶，只是因為他的存款額，比其他企業家們多了幾十萬。因此，王永慶在一開始雖然只贏了一點點，卻在半個世紀後，贏得了整片天。

　　現今知識經濟蓬勃發展，投資環境大為變化，金融業和其他產業之間的區隔越來越模糊，產業定位也不再侷限於傳統的借貸行為，為此，玉山銀行臺中分行的黃志光經理，本著一個

心態：「比別人快一步，贏一點點，就是贏家；比別人好一點，快一點，可以滿足顧客多一點，就贏了。」

喜愛與小朋友交流的林書豪，在一次YMCA的籃球夏令營中，說了這麼一句話：「左手打不好，就努力練左手」。看似平淡無奇的一句話，卻道出了他的信念。他不會為了成功而駐足，總是審視自己還有哪些發展空間，只是提升一個微小的不足，就能讓他的實力更佳優化，不要小看多努力一點點的力量，過程的堅持，能讓你在得來不易的機會中讓眾人懾服，就跟林書豪一樣。

幾年前，在電子金融部的協助之下，玉山銀行經理黃志光推動了「中部電子商務研討及聯誼會」，也與中興大學育成中心合作，對育成之中小企業提供財務審核、融資及各項金融服務，藉以協助中小企業創業壯大，這些創舉都開中部地區風氣之先，之後，他又集中焦點、全力貫徹，陸續複製既有的成功模式。

有一次，黃志光拜會某間籌備中的管理學院校長，校長提到，在教育部審核設校許可時，特別舉金融業的玉山銀行為例，希望將即將設立的學校，建設成像玉山銀行般有特色、有風格，小而美、簡潔而有活力的學府。由此看來，黃志光以「贏一點點」打造出了一個具前瞻發展性的銀行分行，受到的肯定卻不只是一點點！

贏一點點絕非贏得不光彩，而是贏得了邁向更大成功的絕佳機會。

🏀 每天多努力一點點

威震日本明治文壇的尾崎紅葉曾說：「看似小事，其實並非小事。為人者，凡事都要謹慎其事。」成功者，就是贏在許許多多的小地方，正如許多世界頂尖的富豪，都是從一點點的投資開始。擁有「股神」美譽的美國投資家巴菲特（Warren Buffett），其個人傳記道出他將財富累積比喻為「滾雪球」，一點一滴、越滾越大。致富以外的各種成功也是如此，成就，奠基於平日每分每秒的努力。

1970年代，日本新成立的創價大學（由日本的創價學會創辦，重視人格教育的訓練與培養），默默無聞，於是學生宿舍裡，幾位希望開創出母校名聲的寄宿生，以國家考試為目標，夜夜苦讀。最後，有一位三年級學生，竟以全國年齡最小，且未畢業即通過國家會計師考試的紀錄而聲名大噪。有人問他如何準備，他提到一個祕訣：「我每天都決意要比一起唸書的室友晚上床睡覺，即使多唸書5分鐘也好。」

5分鐘看似微不足道，累積起來卻極為可觀，每天比身邊的人多努力5分鐘，長久下來必然不同凡響。但除了與他人競爭，更要與昨天的自己競爭，每天都要比昨天的自己再努力一點點。由於人都有害怕壓力的天性，因此，要進步，就必須每天以「些微的增加」，來騙過自己的心理惰性。

有一對夫婦，每天過著簡樸的生活，但丈夫一直有著學武的夢想，在與妻子討論後，他決定上少林寺拜師學藝。3年後，

學成歸來，妻子非常高興，做了頓豐盛的晚飯迎接他。飯後，妻子對他說，他不在家的日子，由於感到孤獨，便抱了一隻小豬回家養，但村子裡常有偷豬賊，所以每晚都要把小豬抱回屋裡，既然丈夫學成歸來，今晚就由他去抱吧！

丈夫來到豬圈，一看不由得大驚：「這是一頭小豬嗎？簡直就是一頭牛嘛！」他走近剛想抱起牠，就被踢了一腳，只好回去向妻子求救。妻子來到豬圈，摸摸豬的頭，輕輕鬆鬆就把牠抱了起來。丈夫覺得奇怪，問妻子為何有這麼大的力氣？妻子回答：「沒什麼啊！牠剛買來時只是一頭小豬，我天天抱牠，即使牠長這麼大了，還是不覺得重啊！」

林書豪還在為金州勇士隊效力的時候，就讓教練史馬特（Keith Smart）留下了深刻的印象，隊伍的練球時段是中午以後，但林書豪卻另有自己的練球時間，早餐後就能看到他在練習的身影，這樣的習慣，讓他磨練自己的技術，同時也保持積極的用心，堅持不懈的練球習慣，讓林書豪從人高馬大的NBA球員中脫穎而出，所以，別小看每天多一點點的力量，當你逐步鞏固了實力，自然能讓人刮目相看。

練田徑的選手，常會在腰間綁一條線，拖著輪胎跑，日復一日加重拖物的重量；古時練輕功的武者，也會將鉛條繫在小腿上，日復一日增加鉛條的數量。與上述抱小豬的妻子一樣，由於每天只增重一點點，心理上仍以為「和昨天一樣」，不知不覺中，便練就了難以估計的堅強實力。

每天與昨天的自己比較，看看今天是否比昨天進步了一點

點，即使只是腦中再多了一點知識、事前再多了一點準備、溝通再多了一點親切、辦事再多了一點敏捷、決策再多了一點果斷、想法再多了一點創新……。比昨天的自己多努力一點點，就等於比別人多成功了一點點，掌握住這道祕訣，便能在與自己的較勁當中，同時遠遠地把其他對手拋諸腦後！

　　林書豪的崛起固然令人津津樂道，但最激勵人心的部分，是他能在低潮中，繼續以努力的信念往前，即使球團不要他了，他也堅信只要持續努力下去，終能在舞台上發光發熱。在林書豪身上，你會發現努力並不僅止於攀爬實力階梯的行動，還有努力堅持信念的勇氣。

時時與昨日的自己較勁，每天多努力一點點，每天多堅持一點點，就能在長期的積累之下，奠定可觀的堅強實力，找到自己的發光舞台。

Present 12

Family

家庭教育
成就了豪小子

> 　　母親受了批評，還是繼續讓我打籃球，因為她看到我打球時很快樂，她希望我快樂，所以支持我所做的事情。
>
> ——林書豪

　2012年2月4日的花園球場，林書豪在全場觀眾的關注下，以沒沒無聞的板凳球員之姿，帶領尼克隊逆轉取勝，一夕之間變身風靡全球的救世主。成為全美的媒體與球迷開始爭相追逐的目標，眾人瘋狂地打探他的情報、他的經歷、他的血統、以及最重要的——他的家庭。

　　「聖人無常師」，每個人的一生，都會遇上數不清的老師：學生時代授課的老師、補習班的老師、空中節目的老師、心靈啟迪的老師，然而對一個人的生命初期來說，最重要的，便是來自家庭的啟蒙老師，在年幼最具可塑性的階段，為其一生鋪設、開拓最基礎的成功。很幸運地，林書豪贏在這一起跑

點上。

　　能以美國籃壇極具劣勢的亞裔球員資格，一躍成為NBA明星，除了林書豪個人的天賦與努力外，自小所受的家庭教育最是功不可沒，對林書豪來說，影響他一生最深遠的良師，莫過於父母。

　　林書豪的父母來自台灣，結婚後定居美國，並在美國生下書雅、書豪、書偉三兄弟。由於夫婦兩人均是土生土長的台灣人，在壓抑的傳統華人社會下成長的他們，自始自終以一套「中西融合、恩威並施」的教育方式培養著三個孩子。

🏀 鞭策造就奇才

　　林書豪的父親林繼明畢業於台大機械系，後考取公費留學進入普渡大學（Purdue University），是一般人眼中的高材生。為了抒解唸書壓力，開始接觸籃球運動，後來漸漸成為一名狂熱的NBA球迷。為了避免晚上看比賽打擾家人們休息，總是一人關在房裡看球，殊不知小林書豪已開始透過門縫，偷偷享受著老爸的籃球世界。

　　5歲那年，父親將一顆籃球塞到他的手裡，教他如何運球投籃，從此籃球進入林書豪的生命中，並成為他人生中最重要的一環。林書豪時常在後院模仿麥可‧喬丹（Michael Jordan）跳投，樂此不疲地練到天黑。

　　每當做完學校功課，父親總會帶著林書豪與哥哥書雅到附近公園練球，一個中年華人帶著兩個小孩子，與四周高大的黑

人形成強烈對比；對林繼明來說，讓孩子運動，比關在房裡唸書來得重要多了。日復一日的練習，也讓林書豪的籃球天賦逐漸顯現，在一場YMCA舉辦的幼童聯盟比賽中，5歲的他拿下了全聯賽最高分。

林繼明扮演著「慈父」的角色，陪著孩子玩樂，並鼓勵他們探索自己的興趣，而母親吳信信則是「嚴母」，一邊對孩子施予嚴厲的管教。

如同一般的傳統華人，吳信信對於三個孩子的功課相當重視，一度希望林書豪成為醫生，還曾逼著不情願的林書豪練鋼琴。對於林書豪的籃球興趣，她始終堅持著「打球，沒問題，但必須要為自己預留後路，萬一某天受傷不能打籃球了，才有退路可走」的教育方針。

於是，她有條件的放任林書豪打籃球；她與孩子約法三章：把學業顧好，打多少都沒問題，一旦成績退步，則縮減打球的時間。他與孩子之間的對話，不是「今天功課做完了沒？」，而是「下個禮拜跟學期計畫排好了沒？」，為了在課業、興趣上兼顧，摸到最愛的籃球，林書豪漸漸養成了有效分配時間的概念，進入哈佛後，林書豪儘管在校雙主修經濟、社會學，仍能分出多餘心力投注在最愛的籃球上，不啻是父母從小培養他時間分配的智慧。

林書豪在課業上擁有好成績，母親也不吝於實現自己的承諾，在朋友一片「你讓孩子打球是浪費他的讀書時間」的批評聲中，她仍四處為林書豪打聽適合的球隊、教練，一路支持他

加入高中、大學籃球校隊，甚至在林書豪決定進入NBA闖蕩的時候，做為一位開明的母親，她欣然表示同意。

美國思想家愛默生（Emerson）有一句箴言：「訓練的力量何其偉大！」明白表示，要邁向成功的人生，其根柢就是訓練，而且是嚴格的訓練。每個人從小到大，一定遇過許多嚴師，然而事實證明，僅因為嚴格而步上成功之途的人，寥寥無幾。實際上，嚴格的背後，究竟存在著刁難、名利、自我成就感，還是真心為了對方的成長，其層次迥然不同。偉大的人培育出偉大的人，真正為你帶來成功的人生之師，其嚴格的根柢是慈愛。所謂菩薩心腸、金剛手段是也！沒有比「母親的慈愛」更強大的力量了！我們可以說，林書豪因為接受「慈愛之母」的嚴格訓練，才能邁向成功之途。

以《少年維特的煩惱》、《浮士德》等書聞名的詩人作家歌德（Goethe），曾在斯特拉斯堡大學進修了一年，在這裡，他遇到了影響他一生的人——極具影響力的德國思想家赫爾德（Herder）。當時，歌德的作品總是受到四周人的讚賞，然而赫爾德卻從不錦上添花，反而時以斥責、非難、痛罵、嘲笑來考驗他。赫爾德早已看清舒適的環境無法培養真正的實力，因此，當歌德沈醉於虛華的恭維時，赫爾德便給予尖銳的批評。遭受如此嚴厲對待的歌德，非常難得地繼續追隨赫爾德，聲稱是赫爾德讓他認識到什麼是真正的文學，並打開了他對世界各民族的詩和歌謠的見識。歌德認為，自身的成就應歸功於自己的老師，並將這段嚴格鍛鍊的時期稱作「充滿希望的日子」。

歌德之所以成為眾人稱道的文學巨擘，一大因素在於他懂得抓住人生中「對其嚴格又慈愛的人」，並忠誠地追隨對自己盡心培育、嚴厲又不失關愛的恩師，從中覓得成功的素材。林書豪也是，他始終遵守與母親的約定，達成她對課業與運動的要求。人的情感總是互相的，一方面，父母建構出溫暖的家庭造就豪小子對教養的服膺；孩子對約定的遵守令父母安心，另一方面，也充分表達了對孩子們興趣的支持。

🏀 信仰使人成長

每當林書豪帶領球隊贏得比賽，媒體紛紛包圍他，追問他對比賽的感想，林書豪總是不改一貫的謙遜作風，禮貌的回應每一個問題，並將贏球的功勞歸給上帝。對林書豪來說，他一切的努力並不是為了成名、不是為了獎金，而是為了榮耀上帝。

對上帝的虔誠，是家庭教育帶給林書豪的第二個恩典。

林書豪的父母均為基督徒，三個兒子的英文名字Joshua、Jeremy、Joseph皆來自聖經中。林書豪從小跟著父母上教堂，在聖經詩歌的薰陶下，也成為一名虔誠的基督徒，並將聖經上的話語作為生活準則，他每一天的生活，都是由晨間禱告開始。

綜觀林書豪的成功故事，宗教帶給他四個啟示：

1. 自我要求：

信仰教會林書豪如何選擇正確的路。每當受到朋友的誘惑與嘲諷，讓他幾乎要打破自己的原則時，總會在最後關頭想起

聖經上的一句話：「你要保守你的心，勝過保守一切，因為一生的果效，是由心發出」。也因此，林書豪從未在美國墮落的校園風氣中隨波逐流，他不抽菸、不喝酒、也沒有複雜的男女關係，每天的生活就是單純的讀書、練球、上教會。信仰讓林書豪養成健全的人格，並在籃球路上專心發展，不受到世俗功利的蒙蔽與誘惑。

「自律」和「自制」是良好品格的精髓，亦是美德的基礎。自律是個人良好的行為完全由自己決定（所謂「從心所欲而不逾矩」是也），沒有其他力量介入，是理性的高度表現。在《聖經》中，讚譽之詞並不給予那些「攻城掠地」的強者，而是給予那些能十分堅強地「主宰自己靈魂」的人們。任何一個成功者都應有著非凡的自制力。

2. 面對壓力：

在NBA的第一年，是林書豪人生的谷底，他長期遭到球團冷落，並多次被釋出、下放；面對外界的批評與嘲笑，林書豪也曾失意、難過，並懷疑自己是否能力不足。最後他明白了，他所承受的壓力全部來自於自己，因為籃球在他的生命中超越了上帝，讓他在不知不覺間迷失，逐漸忘記自己為何而戰，打籃球也不再是一件快樂的事。

林書豪引用《聖經》中「凡較力爭勝的、諸事都有節制．他們不過是要得能壞的冠冕．我們卻是要得不能壞的冠冕。」、「就是在患難中也是歡歡喜喜的；因為知道患難生忍耐，忍耐生老練，老練生盼望；盼望不至於羞恥，因為所賜給

我們的聖靈將神的愛澆灌在我們心裡。」認為上帝讓他遭遇的一切低潮、苦難，一定有其用意。從那時起，林書豪「把紀錄和統計留給上帝。只要盡力比賽，不論表現如何，讓上帝決定輸贏。只確保在祂帶領下努力作賽，把自己交上讓祂使用。」他不再執著勝負、渴望掌聲，而是單純打一場好球給上帝看。

　　比起逃避壓力，林書豪不僅勇敢面對，更選擇了比解決壓力更有智慧的享受壓力，甚至以榮耀上帝為動機，設法創造壓力，激發自身的鬥志，奮力一搏，於是才締造出令人嘆為觀止的奇蹟。

　　歷史上不乏將壓力轉化為動力的案例，這些成功者在經過苦難一番磨練後破繭而出，終造就不朽功業，令後世景仰。一個人在遭遇困難時，如能善用壓力之特性，利用壓力激發自我潛能，往往能有意想不到之表現。

3. 控制情緒：

　　打從林書豪踏進球場開始，黃種膚色讓他屢次遭受場邊來自不同種族的批評與謾罵，每當遭受挑釁，林書豪總將這視為上帝的考驗，從不過度在意，也從不反擊，因為他知道，這是反映上帝慈愛的機會，只有在自己什麼也不說時，才會得到真正的尊重。

　　在為人處世的過程中，我們必須學習林書豪式的「情緒忍受力」。因為，「脾氣來了，福氣就走了」。在我們碰到棘手的問題時，必須先冷靜下來、切勿衝動行事，試著去學習「先處理心情、再處理事情」的藝術，免得後果越來越糟。

221

有一名美國記者，與幾個阿拉伯人搭車橫越北非大沙漠時，突然一個輪胎爆了，而車上又沒有備胎，記者氣急敗壞的問司機該怎麼辦，阿拉伯人勸他說：「爆胎是真神阿拉的旨意，著急於事無補，只會使人覺得更熱。」他們靠著剩下的三個輪胎繼續緩緩行駛，最後，車子發不動了，汽油也用光了，眾人只好徒步到達目的地，但阿拉伯人並不怪罪司機未帶足需要的汽油、備胎，而始終保持冷靜，一路上還不停地高歌。

這群住在沙漠中的阿拉伯人，早已在惡劣環境的考驗下，鍛鍊出隨時維持心境和平的高EQ，在事情已成定局、難以挽回的時候，就使用精神勝利法向自己進行信心喊話，忽視難題的規模，以圖再度振作。

擺在我們眼前的往往是既定的現實，對於改變不了的局勢，發脾氣非但不能解決任何問題，還會讓自己被憤怒的情緒所控制，最終受到傷害的還是自己。試想，誰會願意和一個暴躁、易怒或心胸狹隘的人共事呢？

避免發脾氣的方法，就是停下來冷靜思考。在發脾氣之前，先保持冷靜，想一想，自己到底在氣什麼？想一想你的不愉快是怎麼引起的。想清楚後，或許你會發現，其實根本沒什麼好氣的，更毋須讓脾氣傷害到別人，甚至反傷到自己。

直到林書豪爆紅的今日，美國各界仍充斥著針對林書豪的種族歧視言論，面對這一切，林書豪依舊選擇寬恕，他的高EQ讓他在媒體間獲得了普遍讚揚。

保持情緒自制，意即訓練自己習慣以正面情緒作為思維導

向，成為「EQ高材生」。若能妥善處理負面情緒，約束衝動的腳步，就能避免與他人產生齟齬，避免留下人際間的遺憾，進而就可以締造成功了。

4. 保持樂觀：

當林書豪帶領球隊獲得一場勝利，在全球媒體吹捧他的當下，謙卑的個性告訴林書豪不可過度自信；當面對球隊輸球，或是發生失誤，情緒低落之時，林書豪會重新自我檢視，並提醒自己不僅是位NBA球員，還是一位基督徒，「這個時候我必須讓神來檢查我，也就是神令我感到謙卑。」從此找回樂觀的心態。

聰明的人懂得放鬆自己，懂得調適自己的心靈，懂得持續以一種愉快的心態投入到生活和工作當中。相信你也曾有過這樣的經驗，當你把所有煩惱全都向你的知心好友傾訴時，是否會感到內心舒暢無比呢？

有一名心理學家曾在一艘開往檀香山（Honolulu）的輪船上，做了一次心理改造實驗。他建議那些心煩氣躁的人到船尾去，設想自己已經把所有煩惱全都丟進大海，並且想像它們正沉入白浪滔滔的海面之下。

後來，有一位乘客跑來找他，分享他的感受，他說：「我照著你建議的方法施行後，發覺我的內心真是舒暢無比。我打算今後每天晚上都要到船尾去，然後把我的煩惱一件一件地往下丟，直到我不再有煩惱為止。」

人的一生很漫長，每一天、每一小時、每一分、每一秒都

可能有各式各樣影響情緒的元素產生。面對生活中的芝麻小事，應該採取什麼心態去因應呢？有的人選擇一笑置之，有的人則惶惶不可終日。然而我們的人生不斷繼續，所經歷的煩惱與其他的瑣碎小事更是難以計數，如果每一件都得心煩一陣子，那麼，我們恐怕一輩子都很難有安寧的時候，而自己到最後也會感到心力交瘁。你需要像讓資金回籠一樣周轉你的情緒，把輕鬆愉悅的心情留在身邊，轉嫁出憂慮和煩惱。

也許你會說：「我焦慮，是因為我確實遇到了無法掌控的局面。」想想林書豪吧！擺在眼前的現實，是略遜他人一籌的身高、是一向不被重視的黃皮膚，然而，他選擇冷靜，讓球技說話，你何不也試試讓「才能」說話？確實，有些困擾無須錙銖必較，但有些困局卻會深深地牽絆個人，讓自己在成就偉業時力不從心，此時就是「周轉」功能發揮療效的時機。在這種情況下，良好情緒就如同「周轉」時缺乏的資金，需要從別處借貸；你可以試著列出哪些人事物能為你提供「情緒融資」，再試圖找到接近這些人事物的管道，讓好情緒滾滾而來，進而讓心境轉為樂觀。

教養決定成就

現今歐美對於兒童的教養，大多採用「愛的教育」，即減少對孩子責罵、體罰，改以鼓勵、關懷的教育方式。但曾有學者指出，過度體罰固然會傷害孩子的幼小心靈，一味鼓吹愛的教育卻更可能讓孩子無法明辨是非，而產生偏差行為。

　　林書豪的父母同時具有美國家長在教育議題上的開明、以及華人傳統社會中的保守，特殊的「恩威並重」教育方針，讓林家三兄弟的個性中既有ABC的自由開放，又有著華人的冷靜內斂。

　　林書豪的母親吳信信回憶道，林書豪遺傳了父母的聰明頭腦，小時候對於無法理解或難以認同的事，總是打破砂鍋問到底，有時還會因為見解不同與家人大吵；然而一旦經過思考後認同了，就會堅持正確的事，從不會羞於認錯。是母親的嚴厲管教，讓林書豪養成了冷靜思考，判斷是非的能力。

　　而林書豪最常被美國媒體引用的「謙卑」特質，也是來自父母從小的教育，吳信信隨時不忘提醒林書豪，驕傲是最大的絆腳石，一個人驕傲時，就會覺得自己什麼都行，唯有用謙卑的態度，才能使將來的路好走。

　　當林書豪初次進入NBA，經紀人安排他入住豪華套房，母親得知後立刻反對，向經紀人說道：「不要寵壞他，我們平常怎麼過，希望他以後就怎麼過。他不是個愛亂花錢的孩子，以後還想當牧師，應該過著簡樸的生活，不要迷失在NBA的光環裡。」母親時時刻刻的教誨，造就了林書豪不居功、不自滿的聖人特質。

　　科學中有所謂「左、右腦」的理論，林書豪在父母從小對課業、興趣、品格的多方注重下，得以擁有令人稱羨的傑出成就，我們能驚奇地發現，這套教育方針讓林書豪的左、右腦在成長過程中，同時達到了高度的開發。

左腦一般被視為知性腦，又稱語言腦，主要職掌邏輯推理、理性思維，支配語言、文字、符號，負責數字、分析、判斷、計算等，從事智慧、商業或學術等有意識思維的活動。左腦支配著身體的右半部。雖然左腦掌管語言，但其產生的語言以記憶性為主，較缺少原創性，因此比較難以獲得新的論點。

　　右腦則被視為感性腦，又稱藝術腦，負責掌管音樂、圖形、繪畫、色彩、感情、非語言概念、空間幾何、聯想、直覺、綜合判斷、創造性思維、預知能力……等，從事情感、藝術及創造等潛意識思維的活動。右腦控制著身體的左半部，主要以影像和圖像思考，因此藝術界裡的天才，多是右腦運作能力較強的人。如果平時對疑惑許久的事突然有所頓悟，得到啟發而順利解決問題，就是右腦潛能發揮了作用。

　　若以預測股市價格為例，分析左腦人與右腦人，左腦型的人會用統計、分析的方式推測未來股價的變化，但這種根據過去的變化趨勢預測往後發展的方法，只有在未來股市重複過去變化的狀況下才可能準確。實際上的現況卻是詭譎多變，重複的情況很難再次出現。而右腦發達的人富有想像力，例如股神巴菲特會憑直覺大膽預測，總攬全局，也往往取得意想不到的成功。這種直覺思維常常超越現有的情報資訊，預知未來發展的趨勢。在瞬息萬變的今天，左、右腦的交互運用對於資訊的處理顯得更為重要。

　　根據英國《新科學家》雜誌報導：經科學家實驗證明，左腦專門負責辨識「自我」，而右腦用來辨別「非我」。我們是

靠著右腦來學習創新知識，取得實踐經驗，即認識「非我」。所以我們在運用、開發左腦，讓左腦清楚理性地認識自己之餘，還必須自發地使用與鍛鍊右腦，發揮自己的潛力。

母親對林書豪的嚴格管教，讓他在分辨是非的思考過程活化了邏輯理解能力；對林書豪課業上的鞭策，則讓他在閱讀書本的學習過程強化了記憶與語言能力，這些都是左腦掌管的項目。父親對林書豪的籃球訓練，使他擁有極佳的身體協調及節奏感；對於上帝的虔誠，則造就了他的靈感與想像力，這些都是屬於右腦的部分。

當一個人的左右腦都得到良好運用時，那麼不論做任何事，都將無往不利，看看林書豪在場上的表現，靈活敏捷的身手，讓他在對方嚴密防守下穿梭自如，運球、投球時彷彿與球合為一體，這些有賴優秀的右腦控制；優異的運動神經，再搭配左腦所支撐的強大理解力，讓他能隨時認清球場戰況，做出最正確的判斷。

家庭教育在孩子的啟蒙教育中佔了絕大比重，一個人的實力堅強與否、人格的健全與否，全仰賴兒時的教育方式。我們可以說，林書豪這樣一個在成功的家庭教育下成長的人，就算沒有進入NBA，而是選擇成為金融家、甚至是牧師，想必都會有不可限量的發展。

「家庭」在人的一生中扮演極為關鍵的角色。一個人的人格思想是否健全、處理事情是否睿智、遭遇苦難是否堅強，都有賴從小家庭教育的培養。而家庭成員間的相互鼓勵、扶持，更是支持人活下去的重要力量。教育孩子，必須個性、能力、態度三者並重；而教育過程往往比結果更為重要，不論是成功還是失敗，都需一同陪伴孩子經歷，才能培養出健全且傑出的孩子。

附　錄

Jeremy Lin's Victory

◆林書豪出賽戰績史

1. 哈佛校隊——哈佛赤紅

年份	球隊	出賽場數	先發場數	平均時間	命中率(%)	3分命中率(%)	罰球命中率(%)	得分	籃板	助攻	抄截	阻攻
2006－07	哈佛赤紅	28	0	18.1	41.5	28.1	81.8	4.8	2.5	1.8	1.0	0.1
2007－08		30	30	31.3	44.8	27.9	62.1	12.6	4.8	3.6	1.9	0.6
2008－09		28	28	34.8	50.2	40.0	74.4	17.8	5.5	4.3	2.4	0.6
2009－10		29	29	32.2	51.9	34.1	75.5	16.4	4.4	4.4	2.4	1.1
累計		115	87	29.2	48.1	33.3	73.3	12.9	4.3	3.5	2.0	0.6

2. NBA D-League（國家發展聯盟）

年份	球隊	出賽場數	先發次數	平均時間	命中率(%)	3分命中率(%)	罰球命中率(%)	得分	籃板	助攻	抄截	阻攻
2010－11	雷諾大角羊	20	20	31.7	47.7	38.9	71.8	18.0	5.8	4.3	2.0	0.3
2010－11	艾利灣海鷹	1	1	44	52.9	0.0	90.9	28	11	12	2	1

3. 金州勇士隊（2010～2011）

出賽場數	先發次數	平均時間	命中率(%)	3分命中率(%)	罰球命中率(%)	得分	籃板	助攻	抄截	阻攻	失誤	犯規
29	0	9.8	38.9	20.0	76.0	2.6	1.2	1.4	1.1	0.3	0.6	1.1

4. 紐約尼克隊（2011～2012/3/11）

出賽場數	先發次數	平均時間	命中率(%)	3分命中率(%)	罰球命中率(%)	得分	籃板	助攻	抄截	阻攻	失誤	犯規
26	16	26	46.4	33.3	75.2	15.0	2.9	6.3	1.6	0.1	3.5	2.0

5. 紐約尼克隊（2012/2/4以後）

日期	對戰球隊	終場	上場時間	命中率(%)	3分命中率(%)	罰球命中率(%)	得分	籃板	助攻	抄截	阻攻	失誤	犯規
2/4	籃網	99:92	36	52.6	0.0	71.4	25	5	7	2	0	1	3
2/6	爵士	99:88	45	58.8	33.3	77.8	28	2	8	2	0	8	1
2/8	巫師	107:93	36	64.3	0.0	83.3	23	4	10	1	1	2	3
2/10	湖人	92:85	39	56.5	100	76.9	38	4	7	2	0	6	1
2/11	灰狼	100:98	39	33.3	0.0	57.1	20	6	8	3	0	6	3
2/12	暴龍	90:87	43	45.0	100.0	63.6	27	2	11	1	0	8	0

2/15	國王	100:85	26	66.7	0.0	66.7	10	5	13	0	0	6	1
2/17	黃蜂	85:89	40	44.4	40.0	80.0	26	2	5	4	0	9	4
2/19	小牛	104:97	46	55.0	50.0	50.0	28	4	14	5	1	7	0
2/20	籃網	92:100	36	38.9	50.0	83.3	21	7	9	4	0	3	6
2/21	老鷹	99:82	32	54.5	50.0	100.0	17	2	9	2	0	4	3
2/23	熱火	88:102	24	9.1	0.0	100.0	8	6	3	3	0	8	1
2/29	騎士	120:103	33	50.0	0.0	77.8	19	5	13	1	0	1	3
3/4	塞爾提克	111:115	32	37.5	50.0	50.0	14	4	5	1	0	6	4
3/16	小牛	85:95	33	30.8	20.0	62.5	14	3	7	2	0	2	1
3/7	馬刺	105:118	30	46.7	50.0	80.0	20	3	4	3	0	1	2
3/9	公鹿	114:119	41	57.1	50.0	60.0	20	1	13	4	0	5	5
3/11	76人	94:106	37	27.8	0.0	80.0	14	3	7	2	0	6	2
平均			36.0	46.0	33.0	73.6	20.7	3.8	8.5	2.3	0.2	4.9	2.3

（註：截至3月11日）

◆NBA大事記

年代	事件
1946年6月11日	11家球館在紐約麥迪遜花園廣場成立球隊，正式成立美國籃球協會(BBA)，即為NBA的前身。
1946年11月1日	多倫多愛斯基摩人與紐約尼克在多倫多的楓葉花園球場比賽，這是BBA史上第一場正式比賽。
1947	❶. 日裔球員三阪亙加入紐約尼克隊，成為NBA首位非白人球員。 ❷. 史上首位NBA哈佛畢業生索爾·馬里亞金（Saul Mariaschin）加入塞爾提克隊。
1949年8月3日	BAA與國家籃球聯盟(NBL)合併，球隊數增加到17支，並正式改名為國家籃球協會(NBA)。

1949－1954	喬治‧麥肯（George Miken）帶領明尼亞波利斯湖人隊在6年內五度奪冠，締造NBA史上第一個湖人王朝。
1950	查克‧庫帕（Chuck Cooper）加入波士頓塞爾提克隊，成為NBA首位黑人球員。
1950年10月31日	黑人球員厄爾‧勞埃德（Earl Lloyd）在華盛頓首都隊與羅徹斯特皇家隊的比賽中登場，黑人球員首次上場比賽。
1953年	在杜蒙特（DuMont）電視台首次轉播了NBA賽事。
1954年	❶. NBA為鼓勵進攻與投籃，引入24秒裝置。 ❷. 史上第二位NBA哈佛畢業生艾德‧史密斯（Ed Smith）進入紐約尼克隊。
1957－1969	波士頓塞爾提克在比爾‧羅素（Bill Russell）及教練阿諾‧奧拜克（Arnold Auerbach）的帶領下，在13年內一共取得11次總冠軍，分別是1957、1959－66、1968－69。
1959	傳奇球星張伯倫（Wilton Chamberlain）加入費城勇士隊。
1962	美國廣播公司(ABC)成為NBA的主要電視合作夥伴。
1966	比爾‧羅素成為首位NBA黑人總教練。
1967	美國籃球協會(ABA)成立，成為NBA的主要競爭對手。
1969	❶.「天勾」賈霸（Kareem Abdul-Jabbar）加入密爾瓦基公鹿隊。 ❷. 現今NBA的標誌首度出現在官方宣傳資料上。
1970	NBA總決賽首度於電視上播出。
1976	❶. ABA破產並被NBA合併，NBA球隊數量達22支。 ❷. 賴瑞‧柏德（Larry Bird）與魔術強森（Magic Johnson）分別加入波士頓塞爾提克及洛杉磯湖人隊。
1979	三分線的設定首次出現在籃球場。
1980－1988	魔術強森聯同賈霸率洛杉磯湖人8度闖進總決賽，並獲得5次冠軍，分別是1980、1982、1985、1987－88年，這是史上第二個湖人王朝。
1981－1986	賴瑞‧柏德率領塞爾提克隊5度闖總冠軍賽，於1981、1984、1984三年奪得總冠軍。

1983	由前ABA開創的灌籃大賽首次在NBA舉行。
1984	麥可‧喬丹（Michael Jordan）加入芝加哥公牛隊。
1989	NBA球隊數增加到27支。
1990	NBA首次在海外比賽，鳳凰城太陽隊與猶他爵士隊在日本東京舉行了兩場例行賽。
1991－1993	麥可‧喬丹率公牛隊奪得三連冠，開啟公牛王朝的全盛時期。
1992	美國籃協首度派出NBA球員組成的「夢幻隊」參加奧運，並獲得冠軍。
1996－1998	麥可‧喬丹再度帶領公牛隊奪得三連冠。
1996	女子國家籃球協會(WNBA)成立。
1998年7月1日	NBA因勞資糾紛，爆發史上第一次的封館危機，隔年1月25日達成協議，2月5日球季開始。
1999	NBA自行開設電視台NBA－TV。
2000－2002	柯比‧布萊恩（Kobe Bryant）與俠客‧歐尼爾（Shaquille O'Neal）率領洛杉磯湖人連續3年奪得冠軍，是史上第3個湖人王朝。
2001	國家籃球發展聯盟(NBDL)成立，後改名NBA發展聯盟。
2002	首位華裔球員姚明加入休士頓火箭隊。
2004	夏洛特山貓隊成立，NBA球隊達到30支。
2006	NBA更換由合成纖維製成的新式比賽用球。
2006年6月20日	邁阿密熱火隊在明星球員韋德（Dwyane Wade）率領下奪下隊史首座冠軍獎盃。
2008年6月18日	波士頓塞爾提克在睽違24年後再次奪得總冠軍，這是隊史上的第17次。
2008年8月1日	西雅圖超音速隊正式更名為奧克拉荷馬雷霆隊。
2010年6月17日	柯比‧布萊恩與教練菲爾‧傑克森（Phil Jackson）5度帶領湖人奪得總冠軍。

附
錄

2011年6月12日	德裔球員諾威斯基（Dirk Nowitzki）率領達拉斯小牛隊，奪得隊史上首座冠軍。
2011年7月1日	NBA自1998年來的二度封館。
2011年11月30日	勞資協議達成，封館風波告一段落。
2011年12月25日	2011－2012球季正式揭開序幕。
2012年2月26日	2012年全明星賽開打。
2012年2月28日	下半球季正式開始。
2012年4月26日	2011－2012例行賽季結束。
2012年4月30日	2012年季後賽預計開打。
2012年6月中	2012年總冠軍誕生。
2012年11月初	2012－2013球季開打。
2013	於休士頓舉辦全明星賽。
2016	NBA成立七十周年。

◆林書豪大事記

年代	事件
1969	林書豪的母親吳信信隨家人移民美國。
1977	林書豪的父親林繼明考取公費留學，進入美國普渡大學（Purdue University）攻讀博士。
1985	林書豪父母在加州定居。
1987	大哥林書雅（Joshua Lin）出生。
1988年8月23日	林書豪出生於洛杉磯。
1993	全家遷至帕羅奧圖（Palo Alto），小弟林書偉（Joseph Lin）出生。林書豪受父親影響，開始在當地的YMCA打籃球。

235

2005	林書豪進入帕羅奧圖高中就讀，並成為籃球校隊隊長，帶領球隊拿下第二聯盟週冠軍。
2006	林書豪進入哈佛大學就讀。
2007	大學二年級，獲選常春藤聯盟年度第二隊成員。
2008	大學三年級，入圍NCAA第一層級的前十名最佳選手、常春藤年度第一隊成員。
2009	大學四年級，再度獲選常春藤年度第一隊，被ESPN選為年度12佳球員，並入圍「約翰‧伍登獎」、「鮑勃‧科西獎」提名，及受邀參加普茲茅斯邀請賽。
2010年6月24日	在2010年NBA選秀大會中落選。
2010年7月	受達拉斯小牛隊之邀，參加在拉斯維加斯舉辦的NBA夏季聯賽。
2010年7月21日	與金州勇士隊簽下2年50萬美元的合約，及與Nike簽下3年合約。
2010年7月28日	為參加姚明號召的「姚基金慈善義賽」，首次造訪台灣，並與總統馬英九見面。
2010年10月8日	在NBA熱身賽首次上場，對戰洛杉磯快艇，在場上11分鐘，獲得7分、3籃板、2助攻。
2010年10月27日	NBA球季開打，林書豪被勇士隊分在傷兵名單。
2010年10月29日	在對戰快艇的比賽最後2分32秒出場，僅有1抄截成績。
2010年10月31日	在對戰湖人的比賽中出場。
2010年11月21日	在對戰湖人的比賽中出場，攻下生涯新高13分。
2010年12月28日	勇士隊將林書豪下放到NBA發展聯盟（D-League）的雷諾大角羊隊（Reno Bighorns）。
2011年1月9日	二度遭到下放。
2011年3月17日	三度遭到下放。
2011年4月底	大陸與台灣同時傳出有意爭取林書豪加入國家隊。

2011年5月27日	生涯首次中國行，拜訪外婆的故鄉浙江平湖。
2011年6月29日	台灣將林書豪列名中華隊的亞錦賽選手名單。
2011年8月4日	二度訪台，參與Nike舉辦的夏季聯賽等多場活動。
2011年9月29日	以東莞烈豹隊一員的身份，首度在CBA出賽。
2011年12月9日	遭勇士隊釋出。
2011年12月12日	休士頓火箭隊簽下林書豪。
2011年12月24日	在球季開打前一天遭到火箭隊釋出。
2011年12月27日	紐約尼克隊簽下林書豪。
2011年1月17日	尼克隊將林書豪下放至發展聯盟的艾利灣海鷹隊（Erie BayHawks），在海鷹隊出賽一場，繳出28分、12助攻、11籃板的成績，旋即被尼克召回。
2012年2月4日	尼克隊在主場迎戰紐澤西籃網，林書豪在主力球員受傷情況下替補上場，得到全場最高的25分、7助攻、5籃板和2抄截，一夕成名。
2012年2月6日	NBA生涯首度先發，出戰爵士隊並獲勝，首場先發得分在NBA史上排名第二。
2012年2月8日	出戰巫師隊，對決同年進入NBA的約翰·沃爾（John Wall），並帶尼克隊獲得勝利
2012年2月10日	林書豪出戰湖人隊，技壓小飛俠布萊恩（Kobe Bryant）並攻得生涯最高38分。
2012年2月11日	出戰灰狼隊獲得勝利，並獲選當週東區最佳球員。
2012年2月12日	在多倫多出戰暴龍隊，於終場吹哨前投進致勝三分球。
2012年2月15日	出戰國王隊獲得勝利。
2012年2月17日	與黃蜂隊的比賽吞下先發首敗，同日獲選2011年新秀挑戰賽名單。
2012年2月19日	出戰去年總冠軍小牛隊，與兒時偶像基德（Jason Kidd）交手，並贏得勝利。

2012年2月20日	二度對戰籃網，吞下敗仗。
2012年2月21日	出戰老鷹隊獲得勝利。
2012年2月23日	出戰年度最強隊伍熱火吞敗，得分8分為先發以來最低。
2012年2月26日	在新秀挑戰賽中以俠客隊（SHAQ）的一員上場。
2012年2月29日	出戰騎士隊勝利。
2012年3月4日	出戰塞爾提克隊，在延長賽中落敗。
2012年3月6日	再次出戰去年冠軍小牛隊不敵落敗。
2012年3月7日	尼克敗給馬刺隊。
2012年3月9日	對決公鹿隊，尼克隊防守崩盤再次落敗。
2012年3月11日	出戰76人隊再嚐敗績，林書豪面臨先發生涯5連敗。
2012年4月26日	例行賽季結束，尼克在林書豪的帶領下打進東區八強，並獲得季後賽資格，林書豪成為首位打進NBA季後賽的台裔球員。
2012年6月中	NBA年度賽季全部結束，林書豪將成為自由球員。
2012年夏	第三度訪台。
2012年11月	2012－2013球季開打。

◆NBA與林書豪年表對照

年代	NBA大事記	林書豪大世記
1988	魔術‧強森率領湖人隊第5度奪得NBA總冠軍。	8月23日，林書豪誕生。
1993	麥可‧喬丹的公牛王朝連續3年奪得NBA總冠軍。	小弟林書偉誕生。 林書豪開始學習打籃球。
2005	NBA兼併ABA紀念30週年。 傳奇球星史考特‧皮朋、卡爾‧馬龍、雷吉‧米勒自NBA退休。	進入帕羅奧圖高中就讀。

2006	NBA使用新式用球。 邁阿密熱火隊獲得隊史第一座冠軍獎盃。 12月16日，尼克與金塊隊在球場上發生鬥毆事件。	進入哈佛大學就讀。
2010年	布萊恩率領的湖人隊第5度奪得總冠軍。	6月27日，參加選秀落選，不久後被金州勇士隊簽下。 7月28日，林書豪生涯首次來台。 10月29日，成為首位在NBA正規賽登場的亞裔球員。
2011年	NBA史上第二次封館事件，使球季拖延到12月25日才開打。	5月27日，林首度造訪中國。 8月4日，林書豪二度訪台。 12月，接連被勇士、火箭隊釋出，27日被紐約尼克隊簽下。
2012年	2月26日，全明星賽在奧蘭多魔術隊主場舉行。 4月26日，例行賽季結束。 4月30日，2012季後賽開始。 6月中，總冠軍誕生。 11月，2012－2013球季正式開始。	1月17日，被下放發展聯盟，出戰一場獲得大三元後召回。 2月4日，出戰籃網隊的比賽替補上場，攻得全隊最高25分，一戰成名，確立先發位置。 2月10日，在對戰湖人的比賽中攻得生涯新高38分。 2月26日，在NBA年度新秀挑戰賽中出賽。

◆NBA歷屆總冠軍球隊一覽

年份	總冠軍球隊	總決賽對手
1947	費城勇士	芝加哥牡鹿
1948	巴爾的摩子彈	費城勇士
1949	明尼亞波利斯湖人	華盛頓首都
1950	明尼亞波利斯湖人	錫拉丘茲民族

1951	羅徹斯特皇家	紐約尼克
1952	明尼亞波利斯湖人	紐約尼克
1953	明尼亞波利斯湖人	紐約尼克
1954	明尼亞波利斯湖人	錫拉丘茲民族
1955	錫拉丘茲民族	韋恩堡活塞
1956	費城勇士	韋恩堡活塞
1957	波士頓塞爾提克	聖路易斯鷹
1958	聖路易斯鷹	波士頓塞爾提克
1959	波士頓塞爾提克	明尼亞波利斯湖人
1960	波士頓塞爾提克	聖路易斯鷹
1961	波士頓塞爾提克	聖路易斯鷹
1962	波士頓塞爾提克	洛杉磯湖人
1963	波士頓塞爾提克	洛杉磯湖人
1964	波士頓塞爾提克	舊金山勇士
1965	波士頓塞爾提克	洛杉磯湖人
1966	波士頓塞爾提克	洛杉磯湖人
1967	費城76人	舊金山勇士
1968	波士頓塞爾提克	洛杉磯湖人
1969	波士頓塞爾提克	洛杉磯湖人
1970	紐約尼克	洛杉磯湖人
1971	密爾瓦基公鹿	巴爾的摩子彈
1972	洛杉磯湖人	紐約尼克
1973	紐約尼克	洛杉磯湖人
1974	波士頓塞爾提克	密爾瓦基公鹿

附錄

1975	金州勇士	華盛頓子彈
1976	波士頓塞爾提克	鳳凰城太陽
1977	波特蘭拓荒者	費城76人
1978	華盛頓子彈	西雅圖超音速
1979	西雅圖超音速	華盛頓子彈
1980	洛杉磯湖人	費城76人
1981	波士頓塞爾提克	休士頓火箭
1982	洛杉磯湖人	費城76人
1983	費城76人	洛杉磯湖人
1984	波士頓塞爾提克	洛杉磯湖人
1985	洛杉磯湖人	波士頓塞爾提克
1986	波士頓塞爾提克	休士頓火箭
1987	洛杉磯湖人	波士頓塞爾提克
1988	洛杉磯湖人	底特律活塞
1989	底特律活塞	洛杉磯湖人
1990	底特律活塞	波特蘭拓荒者
1991	芝加哥公牛	洛杉磯湖人
1992	芝加哥公牛	波特蘭拓荒者
1993	芝加哥公牛	鳳凰城太陽
1994	休士頓火箭	紐約尼克
1995	休士頓火箭	奧蘭多魔術
1996	芝加哥公牛	西雅圖超音速
1997	芝加哥公牛	猶他爵士
1998	芝加哥公牛	猶他爵士

1999	聖安東尼奧馬刺	紐約尼克
2000	洛杉磯湖人	印第安納溜馬
2001	洛杉磯湖人	費城76人
2002	洛杉磯湖人	紐澤西籃網
2003	聖安東尼奧馬刺	紐澤西籃網
2004	底特律活塞	洛杉磯湖人
2005	聖安東尼奧馬刺	底特律活塞
2006	邁阿密熱火	達拉斯小牛
2007	聖安東尼奧馬刺	克里夫蘭騎士
2008	波士頓塞爾提克	洛杉磯湖人
2009	洛杉磯湖人	奧蘭多魔術
2010	洛杉磯湖人	波士頓塞爾提克
2011	達拉斯小牛	邁阿密熱火

◆NBA各球隊獲得總冠軍次數一覽

球隊	次數	年份
波士頓塞爾提克	17	1957、1959－1966、1968－1969、1974、1976、1981、1984、1986、2008
洛杉磯湖人	16	1949－1950、1952－1954、1972、1980、1982、1985、1987－1988、2000－2002、2009－2010
芝加哥公牛	6	1991－1993、1996－1998
聖安東尼奧馬刺	4	1999、2003、2005、2007
金州勇士	3	1947、1956、1975

費城76人	3	1955、1967、1983
底特律活塞	3	1989－1990、2004
紐約尼克	2	1970、1973
休士頓火箭	2	1994－1995
巴爾的摩子彈（現已不存在）	1	1948
羅徹斯特皇家（現沙加緬度國王）	1	1951
聖路易斯鷹（現亞特蘭大老鷹）	1	1958
密爾瓦基公鹿	1	1971
波特蘭拓荒者	1	1977
華盛頓子彈（現華盛頓巫師）	1	1978
西雅圖超音速（現奧克拉荷馬雷霆）	1	1979
邁阿密熱火	1	2006
達拉斯小牛	1	2011

◆NBA生涯獲得總冠軍5次以上的球員

球員	次數	年份
比爾・羅素（Bill Russell）	11	1957、1959－1966、1968－1969
山姆・瓊斯（Sam Jones）	10	1959－1966、1968－1969
湯姆・海因索恩（Tom Heinsohn）	8	1957、1959－1965
K・C・瓊斯（K. C. Jones）	8	1959－1966
薩奇・桑德斯（Satch Sanders）	8	1961－1966、1968-1969
約翰・哈夫利切克（John Havilcek）	7	1963－1966、1968－1969、1974、1976

吉姆・盧克斯特夫（Jim Loscutoff）	7	1957、1959－1964
法蘭克・蘭姆西（Frank Ramsey）	7	1957、1959－1964
勞勃・歐瑞（Robert Horry）	7	1994－1995、2000－2002、2005、2007
鮑伯・庫西（Bob Cousy）	6	1957、1959－1963
卡里姆・阿布都・賈霸（Kareem Abdul-Jabbar）	6	1971、1980、1982、1985、1987－1988
麥可・喬丹（Michael Jordan）	6	1991－1993、1996－1998
史考特・皮朋（Scottie Pippen）	6	1991－1993、1996－1998
喬治・麥肯（George Mikan）	5	1949－1950、1952－1954
吉姆・伯拉德（Jim Pollard）	5	1949－1950、1952－1954
斯萊特・馬丁（Slater Martin）	5	1950、1952－1954、1958
賴瑞・希格弗雷德里克（Larry Siegfried）	5	1964－1966、1968－1969
唐・尼爾森（Don Nelson）	5	1966、1968－1969、1974、1976
麥可・庫伯（Michael Cooper）	5	1980、1982、1985、1987－1988
魔術強森（Magic Johnson）	5	1980、1982、1985、1987-1988
丹尼斯・羅德曼（Dennis Rodman）	5	1989－1990、1996－1998
朗・哈珀（Ron Harper）	5	1996－1998、2000－2001
史提夫・科爾（Steve Kerr）	5	1996－1998、1999、2003
柯比・布萊恩（Kobe Bryant）	5	2000－2002、2009－2010
德瑞克・費雪（Derek Fisher）	5	2000－2002、2009－2010

◆NBA現有30支球隊一覽

東區

分組	球隊	主場位置	球館	成立年份
大西洋組	波士頓塞爾提克 （Boston Celtics）	波士頓（Boston）	TD花園 （TD Garden）	1946
	紐澤西籃網 （New Jersey Nets）	紐華克 （New Wark）	普天中心 （Prudential Center）	1967
	紐約尼克 （New York Knicks）	紐約 （New York）	麥迪遜花園廣場 （Madison Square Garden）	1946
	費城76人 （Philadelphia 76ers）	費城 （Philadelphia）	偉斯費高中心（Wells Fargo Center）	1939
	多倫多暴龍 （Toronto Raptors）	多倫多 （Toronto）	加拿大航空中心 （Air Canada Centre）	1995
中央組	芝加哥公牛 （Chicago Bulls）	芝加哥 （Chicago）	聯合中心 （United Center）	1966
	克里夫蘭騎士 （Cleveland Cavaliers）	克里夫蘭 （Cleveland）	速貸競技館（Quicken Loans Arena）	1970
	底特律活塞 （Detroit Pistons）	底特律 （Detroit）	奧本山宮殿（The Palace of Auburn Hills）	1941
	印第安納溜馬 （Indiana Pacers）	印第安納波利斯 （Indianapolis）	銀行家生活球館 （Bankerss Life Fieldhouse）	1967
	密爾瓦基公鹿 （Milwaukee Bucks）	密爾瓦基 （Milwaukee）	布萊德利中心 （Bradley Center）	1968
東南組	亞特蘭大老鷹 （Atlanta Hawks）	亞特蘭大 （Atlanta）	菲利浦競技館 （Philips Arena）	1946
	夏洛特山貓 （Charlotte Bobcats）	夏洛特 （Charlotte）	夏洛特山貓競技館 （Time Warner Cable Arena）	2004

分組	球隊	主場位置	球館	成立年份
東南組	邁阿密熱火 （Miami Heat）	邁阿密 （Miami）	美國航空競技館 （American Airlines Arena）	1988
	奧蘭多魔術 （Orlando Magic）	奧蘭多 （Orlando）	安麗中心 （Amway Center）	1989
	華盛頓巫師 （Washington Wizards）	華盛頓 （Washington）	威訊中心 （Verizon Center）	1961

西區

分組	球隊	主場位置	球館	成立年份
太平洋組	金州勇士 （Golden State Warriors）	奧克蘭 （Oakland）	甲骨文競技館 （Oracle Arena）	1946
	洛杉磯快艇 （Los Angeles Clippers）	洛杉磯 （Los Angeles）	史坦波中心 （Staples Center）	1970
	洛杉磯湖人 （Los Angeles Lakers）	洛杉磯 （Los Angeles）	史坦波中心 （Staples Center）	1946
	鳳凰城太陽 （Phoenix Sun）	鳳凰城 （Phoenix）	全美航空中心（Us Airways Center）	1968
	沙加緬度國王 （Sacramento Kings）	沙加緬度 （Sacramento）	能量平衡球館 （Power Balance Pavillion）	1945
西北組	丹佛金塊 （Denver Nuggets）	丹佛 （Denver）	百事中心 （Pepsi Center）	1967
	明尼蘇達灰狼 （Minnesota Timberwolves）	明尼亞波利斯 （Minneapolis）	標靶中心 （Target Center）	1989
	奧克拉荷馬雷霆 （Oklahoma City Thunder）	奧克拉荷馬 （Oklahoma）	福特中心 （Chesapeake Energy Arena）	2008
	波特蘭拓荒者 （Portland Blazers）	波特蘭 （Portland）	玫瑰花園 （Rose Garden）	1970

附
錄

西北組	猶他爵士 （Utah Jazz）	鹽湖城 （Salt Lake City）	能源方案球館 （Energy Solutions Arena）	1974
西南組	達拉斯小牛 （Dallas Mavericks）	達拉斯 （Dallas）	美國航空中心 （American Airlines Center）	1980
	休士頓火箭 （Houston Rockets）	休士頓 （Houston）	豐田中心 （Toyota Center）	1967
	曼菲斯灰熊 （Memphis Grizzlies）	曼菲斯 （Memphis）	聯邦快遞廣場 （FedEx Forum）	1995
	紐奧良黃蜂 （New Orleans Hornets）	紐奧良 （New Orleans）	紐奧良競技館 （New Orleans Arena）	1988
	聖安東尼奧馬刺 （San Antonio Spurs）	聖安東尼奧 （San Antonio）	AT&T中心 （AT&T Center）	1967

◆NBA已不存在的球隊一覽

球　　　　隊	成立年份	解散年份
印地安納波利斯噴氣機（Indianapolis Jets）	1937	1949
希伯根紅人（Sheboygan Red Skins）	1938	1952
安德森包裝工（Anderson Packers）	1946	1951
克里夫蘭反叛（Cleveland Rebels）	1946	1947
芝加哥牡鹿（Chicago Stags）	1946	1950
匹茲堡鐵人（Pittsburgh Ironmen）	1946	1947
普羅維登斯蒸汽壓路機（Providence Steamrollers）	1946	1949
底特律獵鷹（Detroit Falcons）	1946	1947
聖路易轟炸機（St. Louis Bombers）	1946	1950
多倫多哈士奇（Toronto Huskies）	1946	1947
華盛頓國會（Washington Capitols）	1946	1951

巴爾的摩子彈（Baltimore Bullets）	1947	1954
滑鐵盧老鷹（Waterloo Hawks）	1948	1951
舊丹佛金塊（Denver Nuggets）	1948	1950
印地安納波利斯奧林匹亞（Indianapolis Olympians）	1949	1953

◆籃球術語

原文	中文意義	解釋
Player	球員	場上參與比賽的運動員。
Coach	教練	球隊中負責訓練球員，並在比賽中指揮球員進攻的人。
Referee	裁判	裁決球場上各事項的人。
Shooting guard	得分後衛	球隊中主要負責得分的隊員。
Point guard	控球後衛	球隊中負責組織攻擊並控制比賽步調的隊員。
Small forward	小前鋒	球隊中以快速上籃為主要進攻方式的隊員。
Power forward	大前鋒	在籃下進攻並搶籃板為主的球員。
Center	中鋒	在籃下防守並搶籃板為主的球員。
Starting lineup	先發球員	比賽一開始就上場的球員。
Rookie	菜鳥球員	進入NBA第一年的球員。
Frontcourt	前場	對手球隊籃框所在的半場。
Backcourt	後場	己方球隊籃框所在的半場。
Paint	禁區	籃框周圍的區域。
Playoff	季後賽	例行賽結束後，由隊伍排名較佳的幾支隊伍組成，爭取總冠軍的系列賽。
Semi-final	準決賽	前四強的隊伍進行爭奪冠軍賽資格的比賽。
Final	總決賽	前兩強的隊伍爭奪總冠軍的比賽。

Schedule	賽程	各隊比賽的日期排程。
Half-time	中場休息	上半場與下半場間的休息時間。
Quarter	節	籃球比賽的時間單位,一場比賽共有四小節,一節12分鐘。
Overtime	延長賽	兩隊在打完四節後平手,為了分出勝負而追加的時間。
Timeout	暫停	球員與裁判基於戰術考量而短暫停止比賽。
Foul	犯規	球員違犯球場上的各項規定。
Defensive foul	防守犯規	防守對手進攻時造成的犯規。
Offensive foul	進攻犯規	進攻對手時造成的犯規。
Reaching in foul	打手犯規	防守者為抄球打到持球者的手。
Technical foul	技術犯規	沒有身體碰觸下,嚴重違反比賽規則,例如怒罵裁判。
Fouled out	犯滿離場	NBA中個人集滿六次犯規即強迫下場。
violation	違例	沒有身體接觸下的違規。
Traveling violation	帶球走步	未運球的情況下持球走了太多步而造成的違例。
Double dribbling violation	二次運球	球員已兩手持球後再次運球的違例。
24-second violation	24秒違例	一隊球員持球超過24秒還未出手。
Score	得分	球員將球投進籃框中獲得分數。
Rebound	籃板	投籃後,球未投進籃框而彈回。
Assist	助攻	將球傳給隊友後,隊友順勢投籃得分。
Steal	抄截	球員自敵方球員手中將球搶下。
Block	阻攻	碰觸對方出手的球,使球進不了籃框。
Turnover	失誤	球員運球、傳球時不順利,讓球出界或被對手奪得。
Free throw	罰球	因對手球隊犯規而取得的在罰球線投籃機會。

Shot percentage	命中率	球員在一場比賽中的命中數與出手數的比值。
Field goal	出手	任何罰球以外的投籃都算在此範圍內。
Double-double	兩雙	得分、籃板、助攻、火鍋、抄截其中二項達到兩位數。
Triple-double	大三元	得分、籃板、助攻、火鍋、抄截其中三項達到兩位數。
Quadruple-double	大四喜	得分、籃板、助攻、火鍋、抄截其中四項達到兩位數。
Swish	空心球	遠距離投籃時，球在未碰觸籃框的情況下投進。
alleyoop	空中接力	在半空中接獲傳球，並在落地前出手。
Air ball	麵包球	投籃時未命中，且也未碰到籃框或籃板。
Buzzer beater	壓哨球	比賽結束前投進的逆轉或追平一擊。
Dunk	灌籃	將球直接扣進籃框的得分方式。
Dribbling	運球	籃球基本動作，反覆往球把地上拍打。
Passing	傳球	持球者將球拋給其它隊友。
Out of bound	出界	球掉出球場範圍線外。
Drive	切入	球員運球往禁區移動的動作。
Box out	卡位	搶籃板時，將對手擋在身後，確保有利的位置。
Double team	包夾	兩名球員同時防守一名對手球員。
Fake	假動作	誘騙對方，讓對方誤以為自己要投籃、切入、傳球的動作。
Fade-away	後仰跳投	跳投時身體後仰以閃避對手球員的防守。
Fast break	快攻	進攻球員盡可能跑向前場，使對方來不及回防。
Hook shot	鉤射	身體側對籃框，以遠離籃框的手將球拋出。
Lay up	上籃	運球接近籃框，並在移動狀態下將球投進籃中。
Motion offense	擋切	將防守持球隊友的對手球員擋住，以讓持球者能順利切入的戰術。

◆NBA史上曾出賽過的亞裔球員

序	首度上場／隊伍	球員	國籍	血統	事蹟
1	1946／芝加哥牡鹿	Max Zaslofsky	美國	以色列	無
2	1946／紐約尼克	Sidney Hertzberg	美國	以色列	無
3	1946／紐約尼克	Ossie Schectman	美國	以色列	無
4	1947／紐約尼克	三阪互	美國	日本	NBA首位非白人球員
5	1948／費城76人	Dolph Schayes	美國	以色列	無
6	1950／波士頓塞爾提克	Harry Boykoff	美國	以色列	無
7	1957／費城勇士	Lennie Rosenbluth	美國	以色列	無
8	1959／明尼亞波尼斯湖人	Rudy LaRusso	美國	以色列	無
9	1963／紐約尼克	Art Heyman	美國	以色列	無
10	1969／鳳凰城太陽	Neal Walk	美國	以色列	無
11	1978／金州勇士	Raymond Townsend	美國	菲律賓	NBA首位菲裔球員
12	1981／猶他爵士	Danny Schayes	美國	以色列	無
13	1999／紐約尼克	Mirsad Turkcan	塞爾維亞	土耳其	NBA首位土耳其球員
14	2000／沙加緬度國王	Hedo Turkoglu	土耳其	土耳其	無
15	2001／達拉斯小牛	王治郅	中國	中國	NBA首位華裔中國籍球員
16	2001／丹佛金礦	孟克・巴特爾	中國	蒙古	NBA首位戴上總冠軍戒指的亞洲球員

17	2002／休士頓火箭	姚明	中國	中國	NBA首位亞洲狀元
18	2002／底特律活塞	Mehmet Okur	土耳其	土耳其	無
19	2004／西雅圖超音速	Ibrahim Kutluay	土耳其	土耳其	無
20	2004／鳳凰城太陽	田臥勇太	日本	日本	NBA首位日籍球員
21	2005／波特蘭拓荒者	河聲鎮	韓國	韓國	NBA首位韓裔韓籍球員
22	2006／密爾瓦基公鹿	Ersan Ilyasova	土耳其	土耳其	無
23	2006／西雅圖超音速	Yotam Halperin	以色列	以色列	無
24	2006／洛杉磯湖人	Jordan Farmer	美國	以色列	無
25	2007／密爾瓦基公鹿	易建聯	中國	中國	無
26	2007／洛杉磯湖人	孫悅	中國	中國	無
27	2008／曼菲斯灰熊	Hamed E. Haddadi	伊朗	伊朗	NBA首位伊朗球員
28	2009／沙加緬度國王	Omri Casspi	以色列	以色列	無
29	2010波士頓塞爾提克	Semih Erden	土耳其	土耳其	無
30	2010芝加哥公牛	Omer Asik	土耳其	土耳其	無
31	2011／猶他爵士	Enes Kanter	土耳其	土耳其	無
32	2011／金州勇士	林書豪	美國	台灣	ＮＢＡ首位台裔球員，掀起的Linsanity熱潮，連歐巴馬都為之瘋狂！

◆NBA史上的三位哈佛畢業生

序	NBA球季	姓名	備註
1	1947~48	Saul Mariaschin	屬塞爾提克隊。打了2個球季，平均每場得7.7分。熱愛音樂，亦為作曲家。
2	1951~1954	Ed Smith	1953年畢業。
3	2011迄今	林書豪	2010年畢業於經濟系。2012年上半球季創下七連勝的紀錄！

林書豪的成功人生入場券

★這個時候我必須讓神來檢查我，也就是神令我感到謙卑。

★如果我以後變得不一樣了，變驕傲了，你們一定要提醒我。

★很多人打球的動機是金錢、女孩子，我也是人，我也經常被世俗誘惑，但是我知道我打球不是為了這些，我追求的是快樂。

★打球的動機是追求「永恆的快樂」，不是輸贏的快樂。講明白一點，我的心靈就會得到神奇的安寧，這種神奇的安寧帶來了奇蹟的表現。

★我不會在乎媒體瘋狂的追逐，我只專注自己能控制的事情。

★這世界上有太多天賦出眾卻懶散的人，感謝他們給了我們這樣沒什麼天賦的人機會，因為我們會努力！

★從爆紅中得到好處，或上雜誌封面，不是我真正喜愛的，我熱愛的就是打籃球，我還年輕，爬得越高，就可能摔得越重，這才是一切的真相，我只想確定我沒有拖累我的隊友。

★我認為我的成功，是來自上帝的奇蹟，這是我所能想到的。

★我現在也能坦然面對這一切的冷嘲熱諷。如果我能讓其他的華裔孩子處境好一點，那我所做的一切都是值得的。

★我進入NBA以來，總共被下放至發展聯盟4次，每次被下放都是籃球生涯的低潮，我只能告訴自己，來這裡是為了讓自己做好在NBA打球的準備，才能擺脫這種低潮情緒。

★我的壓力是要隨時都準備好，因為機會是給隨時都準備好的人。

★我不能控制自己的情緒，因為的確有很大的壓力，但是我必須承擔起這些。

★我試著靜下來，聆聽內心最真實的聲音……，打了這麼多年籃球，我很清楚自己，只要繼續努力，總有一天能夠站上舞台。

★錯都在我，當一位控球者出現9次失誤，比賽難免會走入困境……。我痛恨輸球，但這會讓我冷靜一些，未來我會做得更好更有力量！

★我要求自己，不要為錯誤的理由打球，所以不管有多少人看著我，我都沒關係。

★勝利來自每一位隊員的貢獻，我扮演的角色，不過是盡量讓隊友們都能融入比賽……，而當團隊融合，我們就能看到更高的目標。

★是我的隊友，讓我『看起來』好像很厲害。

★家人永遠是你的支柱，你也要成為他們的支柱。

★我努力打球不是為了讓自己成為英雄，而是為了幫團隊贏球！

★你必須經過很多努力來證明自己，無法只透過一場好球，就讓所有人對你心服口服，你必須不斷拿出精采的表現。

★在那時，我需要奮力向每個人證明我屬於這裡（NBA），我不是一個營業工具，我如何能在這個運作中存活……，但我因此喪失了樂趣。

★疲倦不是問題，我不會因此垂頭喪氣，這是很好的學習經驗，但也是最苦的一場。

★籃球是我的最愛，我因為籃球獲得這些名聲，我應該更專注在球場上。

★這場勝利不是因為我個人，而是我們團結合作，成為一支真正的隊伍。

★身為控球後衛，我出手次數太多。這不見得是好事。我認為我的職責應該是配球，讓隊友融入比賽節奏，特別是當甜瓜（安東尼）歸隊的時候。他是個有殺傷力的得分好手。我的進球數會下降，助攻會增加。

★所教的第一件事就是要玩得有樂趣，我覺得這很重要。當你覺得有樂趣，你自然就會努力去做，自然就會越做越好。沒有這樣的熱情和自然的欲望，進步的空間不大。例如我學鋼琴，我沒有這種欲望，所以媽媽總要強迫我去做。我很討厭鋼琴，結果是，我彈得很差。

成功豪小子的籃球卡位分析

　　每個人在選擇人生道路的過程中，會受到各種因素左右：天生的才智、父母的栽培、或是朋友的影響，任一個都可能撼動人的一生。然而，最終的決定權仍握在自己的手裡，天賦異稟的人可能因剛愎自用而一事無成，才能平庸的人也能透過勤奮不懈而出人頭地；你究竟具備哪些優勢，又應該如何更上一層呢？經由以下的測驗，找出自己在一支球隊中象徵的角色，更加了解自己！

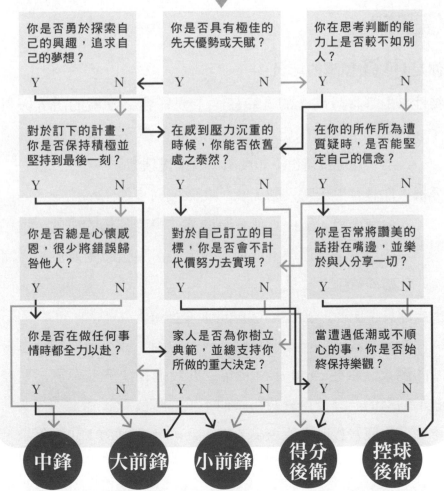

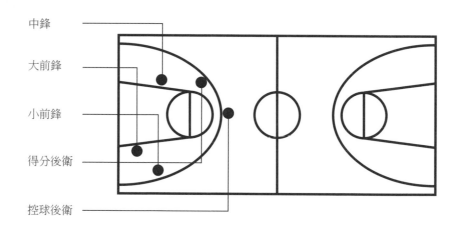

中鋒
大前鋒
小前鋒
得分後衛
控球後衛

結果分析：

你是**中鋒**類型的球員

特性：由身材最高大的人擔任，主要任務為禁區的防守與得分，是一支隊伍在籃下的最後堡壘，通常較缺乏靈活度，外線投籃也不如後衛球員來得精準。

分析：你具有異於常人的天賦，在做任何事情上都比身邊的人更有優勢，雖然大部分時間都能得到不錯的成就，但過於自信常讓你聽不進別人的忠告，要留意別過於驕傲而遭同儕孤立。

代表球員：俠客‧歐尼爾（Shaquille O'Neal）

　　外號「鯊魚」，是當代NBA代表中鋒，與小飛俠布萊恩帶領的湖人大軍在2000－2002年三度殺進總決賽並奪冠，他在籃下強勢的防守及得分技巧讓他不論在哪支球隊都是季後賽常勝軍，生涯曾獲得多項殊榮，包括1996年入選NBA50大巨星，

2000年獲得年度MVP等。他本人則於2011年退休於波士頓塞爾提克隊。

你是**大前鋒**類型的球員

特性： 由身材壯碩的人擔任，以強壯的身體積極衝撞敵方禁區以得分，必要時也會協防籃下與搶籃板，比中鋒較具有靈巧度、以及在中距離的得分能力。

分析： 你擁有還不錯的先天優勢，總是主導整個團體的行動，任何事一定衝在最前頭，帶領大家披荊斬棘。但偶爾太過獨斷，不能廣納其他人的建言，往往會讓你在意想不到的時候翻船，建議要多聽聽別人的意見。

代表球員： 凱文‧賈奈特（Kevin Garnett）

　　波士頓塞爾提克隊現役球員。外號「KG」，灰狼隊時代曾被稱為「狼王」，是目前NBA最優秀的籃球員之一。同時兼具優勢的身高與中距離的投籃能力，讓他成為擁有不論是在禁區或是外線都能發揮的全面性球員。於2004年獲選為年度MVP，2008年隨塞爾提克隊在總決賽中奪冠。2012年2月3日，賈奈特在比賽中抓下職業生涯第10000個籃板，成為史上第三人。

你是**小前鋒**類型的球員

特性： 以進攻得分為主要任務，強調快速進攻上籃的能力，但往往也具備相當水準的長距離射籃技巧。

分析： 你不只是個多才多藝的人，還擁有八面玲瓏的身段，因

此不論做什麼事都得心應手，是眾人稱羨的對象。但由於凡事追求完美，反而容易身陷鑽牛角尖的境地，甚至陷入低潮，試著多相信別人，不要總是將責任往自己身上攬。

代表球員：雷霸龍・詹姆斯（LeBron James）

邁阿密熱火隊現役球員，外號「大帝」或「小皇帝」，2003年加入克里夫蘭騎士隊，成為新生代球員中最傑出的一位。他擁有極佳的速度、彈跳力、與碰撞能力，能同時勝任後衛與前鋒的位置，在籃下的搶籃板與灌籃能力甚至可媲美中鋒。於2009、2010年連續獲得年度MVP，2010年轉至熱火隊後，與韋德（Dwyane Wade）形成一道當今NBA最具威脅力的連線。

你是**得分後衛**類型的球員

特性：與小前鋒同為一隊中最主要的得分球員，也是一隊中最全能的球員，具有不錯的控球與切入技巧，同時長距離的射籃能力亦是全隊最佳。

分析：你擁有極佳的自信與衝勁，做任何事都是一馬當先且不計代價的，但多數情形都是不經大腦的無的放矢，最後白忙一場。要試著多參考前人的經驗，三思而後行，並多充實內在，才能夠達到彈無虛發的境界。

代表球員：柯比・布萊恩（Kobe Bryant）

洛杉磯湖人現役球員，外號「小飛俠」，被喻為麥可・喬

丹後最躍眼的球星。17歲高中畢業即加入NBA，成為史上最年輕的球員，在2000－2002年與俠客・歐尼爾助湖人贏得總冠軍，後雖遭遇幾年低潮，又在2007年重新振作並帶領球隊連續兩度奪冠，達到生涯第二個巔峰。他在場上的領袖氣質與多方位的攻擊模式在全球贏得了大批的球迷。

你是**控球後衛**類型的球員

特性：主導球賽的步調與全隊的進攻，除了在必要時助攻隊友得分外，本身也需相當擅長投籃、切入。一般由較矮小的球員擔任，且必需具備洞悉戰局的能力。林書豪在尼克隊中就是作為控球後衛。

分析：你是個像林書豪一樣的聰明人，懂得分辨是非對錯，並堅持自己的夢想，同時良好的人際關係更是你不可忽視的一筆財富，如果能善用自己的優勢，再配合比別人加倍的努力，相信不論做任何事都是水到渠成。

代表球員：史帝夫・奈許（Steve Nash）

　　鳳凰城太陽隊現役球員，NBA少見的白人控衛。奈許是當今最聰明的球員之一，擅長組織進攻、運球、投射；擁有極高靈活度的他，在各隊都能與隊友組成完美搭配，是每個NBA球迷一提到「助攻」就會聯想到的球員。於2005、2006年連續獲得年度MVP，是史上第二個獲此殊榮的控球後衛。

林書豪成功同心圓　15種同心概念圓出豪式成功

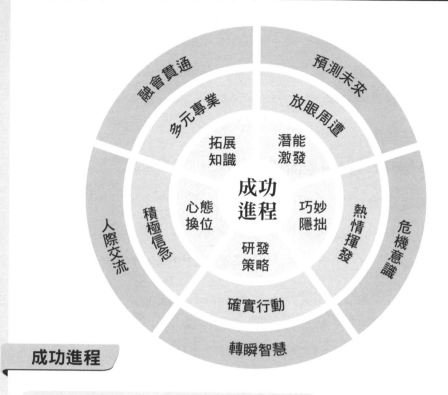

拓展知識 → 多元專業 → 融會貫通

拓展知識：意圖成為如林書豪般領導潮流的先驅者，就要憑藉熱忱與專長，從既知的世界裡，看見專屬的天命，從細微的徵兆裡攫取先機。

多元專業：單項專長在時代的脈動中已漸趨獨木難支，唯有像林書豪般跨足第二領域，發展多元專長，才能更添得勝籌碼，穩操成功勝券，晉升信心不垮台的 π 型人之列。

融會貫通：相對於僅重視開展單腦的人，林書豪以左輔右，分析的左腦加上觸類旁通的右腦，加乘作用突破常人

「依賴」的路徑，博得成功！

心態換位 → 積極信念 → 人際交流

心態換位： 當對換位置後，角色也會發生改變，心態亦跟著不同，因而能夠取得人與人之間的平衡點，進而打造遊刃有餘的成功「豪」人生。

積極信念： 根據林書豪成功吸引力法則指出，只要透過強大的積極信念，不斷地自我確認與暗示，加以實踐行動，夢想中的一切，就會在成功旅程的終點向你揮手。

人際交流： 「人脈價值」是林書豪在NBA拔得頭籌的重要關鍵，請務必奉行「人緣即無形的財富」之鐵則。

研發策略 → 確實行動 → 轉瞬智慧

研發策略： 林書豪的球場敵人都是激發鬥志的戰友，故具備「向敵人致敬之後，便是向敵人學習；學習敵人之後，便是設法超越敵人」的策略，是推動你繼續向上攀援的里程碑。

確實行動： 林書豪時時與昨日的自己較勁，每天多努力一點點，每天多堅持一點點，才能在長期行動的累積之下，奠定可觀的堅強實力。

轉瞬智慧： 「瞬思力」是林書豪長年經驗修鍊而成的應變智慧，每每在關鍵時刻助他迅速做出正確決斷，善用短暫瞬間即時上戰，搶得致勝先機。

巧妙隱拙 → 熱情揮發 → 危機意識

巧妙隱拙：與其進而獻醜，蹉跎光陰且耗費能量；不如效法林書豪，藏而補拙，認清自己的優勢與缺陷，韜光養晦，蓄勢待發，以確保每回在球場上的演出永遠完美無缺。

熱情揮發：林書豪投入熱情，做自己想做的事，是成功的一大因素。一份永不停止的堅持，一股充滿幹勁的熱情，成功的輪廓，也就能一筆筆勾勒出來。

危機意識：每一個危機其實都是一個轉機，當黑天鵝降臨時，林書豪運用問題關鍵的剎那察覺問題，並且透過有效的訓練強化球技與體能，積儲爆發於一瞬的巨大能量。

潛能激發 → 放眼周遭 → 預測未來

潛能激發：天賦是生命的羅盤，林書豪在天份沒有嶄露頭角時，積極透過發現內心的微笑、利用低潮光陰和尋覓良師等途徑，找到自己振翼的起點。

放眼周遭：個人必須具有宏觀思維才能成功。林書豪汲取周邊的人事經歷、擴充整合思考，終突破自身的侷限，掌握響譽全球的成功契機。

預測未來：當大家一頭熱地栽入華爾街的金礦山時，林書豪將自己抽離，珍視對籃球的熱情與酷愛，告成在籃球界的一番卓越。

林書豪成功隨堂考  檢視豪小子給你的12件禮物

使用說明：利用下列12個自省問題，測量你和成功的距離。
若對自己還不太有自信，那麼暫且追隨豪小子處方箋，逐步開創自我成功模式！

序	自 省	選 項	豪小子處方箋
1	準備了好久，終於要上場了！這時，不經意得知對手是累年的冠軍，而且揚言要痛宰你……	☐ 我怎麼可能會贏呢！還是再磨十年刀吧！ ☐ 相信自己的可能性。不論結果，接受挑戰已是第一步的勝利！	**Present 1——** *Faith* 成功之機，來自99%的意念
2	某日，有人不屑地對你說：「不過是三流高中畢業的……」正面遇上歧視語言的你，將如何應對？	☐ 逃避 ☐ 反擊 ☐ 充實自我	**Present 2——** *Perseverance* 谷底翻身，在低潮中成長
3	雖然擁有能耐，在公司（學校）卻處於劣勢，還必須服務實力不如你的人，這時你選擇……	☐ 離職（轉學） ☐ 漠視群眾 ☐ 安分守己、蓄積能量	**Present 3——** *Opportunity* 以膽識掌握機會，超越「不可能」
4	終於達成了一個近程目標！周遭對你讚譽有加，連你也感到有點飄飄然了，這時你會想到……	☐ 耗盡一切努力，這是我所應得。 ☐ 要感謝的人太多了，我要收斂狂喜，將功勞與他人分享。	**Present 4——** *Humility* 謙卑感恩，人氣魅力飆升
5	你獲得一個機會主持團隊合作，擔任領導人的你，如何行動？	☐ 指派別人去完成。 ☐ 單打獨鬥，自己完成一切。 ☐ 讓每一個人發揮最大能量。	**Present 5——** *Share* 成就他人，就是成就自己
6	在日復一日貧乏規律的工作/訓練/讀書中，你腦中運轉的是什麼心思？	☐ 真是難以忍受的痛苦，我一定要熬過去！ ☐ 一切都為培養我在緊急狀況的應對力，是平凡中的不凡淬鍊！	**Present 6——** *Strategy* 用腦打球，瞬思力全面啟動！

7	許久未被肯定的你，整夜沒睡狂趕案子，卻突然接獲早上必須出差的任務，這時你如何回應主管？	☐ 我很累了，找別人去吧！ ☐ 感謝給我這個機會，略做休息便即出發！	*Present 7—* *Optimistic* 正面思考，積極開啟機會之窗
8	同事把工作都丟給你，你自己的工作也被要求在隔日完成，被壓到喘不過氣來的你，如何應對？	☐ 拒絕過分的壓力！ ☐ 強迫自己接受壓力！ ☐ 創造並享受壓力！	*Present 8—* *Resilience* 逆轉壓力，創造你的連勝舞台
9	你熱愛籃球，但父母要求你書讀完才可以打球。時間是固定的，如何在兩者之間抉擇？	☐ 讀書都沒時間了，就放棄興趣吧！ ☐ 為了興趣，我要在最短時間內讀完書。	*Present 9 —* *Vocation* 找到自己的天命，盡情發揮！
10	你的夢想是環遊世界，但你既不喜讀書又不擅長語言，究竟要如何踏出第一步？	☐ 我要逼自己讀書、學習語言。 ☐ 由終點往回推，先達成一個短期的目標再說。	*Present 10—* *Object* 確立目標，為你的人生導航
11	這一次，你知道努力也不會有報酬，就像棒球投手揮出了滾地球，根本不需跑向一壘。於是，你決定……	☐ 何必浪費這種時間！還是在原地等待吧！ ☐ 即使這次的努力撲空，但「全力以赴」本身，即是成長！	*Present 11—* *Striving* 全力以赴，真正努力的人不怕沒有舞台
12	你向家人表示可能無法達到他們設定的期望值，因為你要追求自己的夢想。當得到強烈的反彈時，你的回應為何？	☐ 家庭不是我能選擇的，不需強求。 ☐ 努力與家人溝通，取得理解與支持。	*Present 12—* *Family* 家庭教育成就了豪小子

人生課題3.0系列，殺手級商管趨勢書，引領你成為新經濟舞台上的發光點！

您非買不可的理由

1. **物超所值**：位列「亞洲八大名師」的王博士，橫跨兩岸三地的演講費用，每小時從10,000元人民幣起跳，一堂課更要價80,000元台幣！現在，12片CD、840分鐘，價值100,000元人民幣的音檔，只賣您新台幣1,200元！

2. **限量販售**：本有聲書限量1000盒，為避免排擠效應與莫非定律，「成功」也將有所限定。因此，售完後即不再出版！

3. **成功隱學**：有別於書中所提之例，王博士將更為精彩、引人共鳴的成功祕訣與案例收錄有聲書中，精彩度必將讓您頻頻點頭、連聲道好！

《用聽的學行銷》32CDs完整版

內容◆ 本書四位作者親聲講授全部行銷密技，
共32片CD光碟。

售價◆ 原價NT$4986元→特價NT$3168元
→新絲路超值優惠價NT$**1425**元

購買方式◆ 郵政劃撥：50017206 采舍國際有限公司

網路訂購：新絲路網路書店www.silkbook.com

《用聽的學行銷》32CDs完整版

洽詢專線◆ （02）82459896

（02）22487896 分機 302

iris@mail.book4u.com.tw

誰說老闆一定是對的?

**唯唯諾諾、戰戰兢兢,
老闆=金科玉律的時代過去了……**

您厭倦了每天朝九晚五、看人臉色的上班族日子嗎?只要依照上司的指示死守崗位就可以平步青雲、升官發財嗎?網路資訊爆炸,您做好應對的準備了嗎?

知識經濟時代來臨,只要您掌握了新知就等於掌握了生涯轉變的關鍵、抓住扶搖直上的契機。擁有知識就能提昇競爭力,並讓您在詭譎多變的商場上屹立不倒,終至獨當一面打敗您現在的老闆!

給自己一個機會,和我們一起加入知識升級的行列吧!

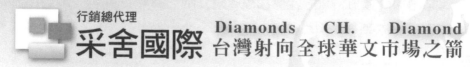

國家圖書館出版品預行編目資料

林書豪給年輕人的12件禮物 /王寶玲 著.—初版.
—新北市中和區：創見文化 2012.04面 ；公分

ISBN 978-986-271-203-0(平裝)
1.林書豪　　2.成功法　　3.傳記

177.2　　　　　　　　　　　101004390

成功良品 **42**

林書豪給年輕人的12件禮物

出版者／創見文化
作者／王寶玲
總編輯／歐綾纖
主編／蔡靜怡
企劃編輯／張欣宇　　　　　文字編輯／何牧蓉、林柏光
美術設計／蔡瑪麗　　　　　封面插畫／VANZ

本書採減碳印製流程
並使用優質中性紙
（Acid & Alkali Free）
最符環保需求。

郵撥帳號／50017206　采舍國際有限公司（郵撥購買，請另付一成郵資）
台灣出版中心／新北市中和區中山路2段366巷10號10樓
電話／（02）2248-7896　　　　　傳真／（02）2248-7758
ISBN／978-986-271-203-0
出版日期／2012年4月

全球華文國際市場總代理／采舍國際有限公司
地址／新北市中和區中山路2段366巷10號3樓
電話／（02）8245-8786　　　　　傳真／（02）8245-8718

全系列書系特約展示門市
新絲路網路書店
地址／新北市中和區中山路2段366巷10號10樓
電話／（02）8245-9896
網址／www.silkbook.com

創見文化 **facebook** https://www.facebook.com/successbooks
王寶玲 **facebook** https://www.facebook.com/baoling.wang

本書於兩岸之行銷（營銷）活動悉由采舍國際公司圖書行銷部規畫執行。

線上總代理 ■ 全球華文聯合出版平台 www.book4u.com.tw
主題討論區 ■ http://www.silkbook.com/bookclub　　　　● 新絲路讀書會
紙本書平台 ■ http://www.silkbook.com　　　　　　　　● 新絲路網路書店
電子書平台 ■ http://www.book4u.com.tw　　　　　　　● 華文電子書中心

B 華文自資出版平台　　　　全球最大的華文自費出版集團
www.book4u.com.tw　　　　專業客製化自資出版・發行通路全國最強！
elsa@mail.book4u.com.tw
ying0952@mail.book4u.com.tw

創見文化，智慧的銳眼
www.book4u.com.tw　www.silkbook.com